MAISON D'ÉDITION

F. SANGUINETTI

J. DURET

SUCCESSEUR

CATALOGUE 1889

OLÉOGRAPHIES — CHROMOLITHOGRAPHIES

LITHOGRAPHIES — PHOTOGRAPHIES — GRAVURES

HÉLIOGRAVURES — PHOTOGRAVURES

PARIS

J. DURET, ÉDITEUR, RUE DES ARCHIVES, 12

Ce Catalogue annule les précédents

LIBRAIRIE

Un livre utile vient de paraître

NOUVEAU PAROISSIEN ROMAIN COMPLET

EN TRÈS GROS CARACTÈRES, ÉDITION SOIGNÉE

DIVISÉ EN QUATRE PARTIES ET EN CINQ VOLUMES

(la IIe partie comprenant 2 volumes, l'un spécial pour la quinzaine de Pâques

AVEC APPROBATION DE S. ÉM. Mgr LE CARDINAL RICHARD, ARCHEVÊQUE DE PARIS ET DE SA GRANDEUR Mgr L'ÉVÊQUE DE TOURNAI (BELGIQUE)

Les cinq volumes :

Brochés	18 fr.	Reliés chagrin 1er choix, tranches dorées . .	50 fr.
Reliés basane, tranches marbrées.	28 fr.	Reliés chagrin poli, tranches dorées	60 fr.
Reliés basane, tranches dorées.	30 fr.	Reliés maroquin poli, tranches dorées . . .	75 fr.
Reliés basane forte, tranches rouges	35 fr.	Reliés maroquin poli, gardes en soie, tr. dor.	95 fr.
Reliés mouton chagriné, tranches dorées . .	35 fr.	Reliés maroquin extra poli, doubles gardes, tranches dorées	128 fr.
Reliés chagrin 2e choix, tranches dorées. . .	40 fr.		

N. B. — *Le treizième ne se donne que broché.*

Depuis longtemps les fidèles réclamaient cet ouvrage, se plaignant avec raison de ne pouvoir suivre les offices de l'Église, soit par suite d'une vue fatiguée ou affaiblie par l'âge, soit à cause des édifices trop sombres. C'est aussi répondre au désir de Notre Très Saint Père Léon XIII, qui recommande de plus en plus aux fidèles de s'unir aux prières et chants liturgiques, afin de prendre une part plus grande au sacrifice de nos autels et aux prières du prêtre.

ACTES ET HISTOIRE

DU

CONCILE ŒCUMÉNIQUE DE ROME

PREMIER DU VATICAN

Splendide ouvrage honoré d'un bref spécial de S. S. Pie IX et publié sous la haute direction de la Cour Romaine, 8 volumes (31 sur 45 cent.); imprimés sur beau papier, 150 planches en lithographie, chromolithographie, taille-douce, et nombreuses gravures dans le texte.

Prix : en portefeuille . . . . 400 fr. — Relié aux armes papales . . 560 fr.

PANTHÉON DES ILLUSTRATIONS FRANÇAISES AU XIXE SIÈCLE

Comprenant un portrait, une biographie et un autographe de chacun des hommes les plus marquants dans l'Armée, — le Clergé, — la Magistrature, — les Arts, — les Lettres, — l'Industrie, — le Commerce, — l'Administration, — les Sciences, — la Politique, — etc.

560 livraisons (28 sur 40 cent.), réunies en 14 volumes reliés : 1,400 fr. — Chaque livraison : 2 fr.

ALPHABET FRANÇAIS

TEXTE ET POÉSIES PAR F. MODELON, COMPOSITIONS DE J. BEUZON

27 pages de texte et 13 planches hors texte en chromolithographie, 1 volume cartonné (25 sur 32 cent. 3 fr.

ALBUMS DES TOURISTES

Vues pittoresques du Château d'Arques, près Dieppe, 15 planches d'après nature, avec notice historique. 3 fr.

Vues pittoresques du Château de Pierrefonds, 14 planches d'après nature, avec notice historique . . . 4 fr.

Côtes de la Manche : Dinard, ses environs et les bords de la Rance, 15 planches d'après nature. . . . . 5 fr.

Le Mont Saint-Michel pittoresque, 31 planches d'après nature . . . . 5 fr.

Chaque petit album est élégamment cartonné. Les planches sont montées sur onglets.

L'ORIENT

TYPES ET VUES — FAC-SIMILÉS D'AQUARELLES PAR PREZIOSI

STAMBOUL

30 planches : 150 fr. — Chaque planche : 6 fr.

LE CAIRE

20 planches : 100 fr. — Chaque planche : 6 fr.

OUVRAGES DE PROPAGANDE

Brochures in-16, illustrées. Le cent : 25 fr.

Le Jeune Homme chrétien.
Enfants, aimez votre Mère.
Allez à Joseph.
Poésies, par le R. P. Delaporte, de la Compagnie de Jésus
Préparation à la première communion.
Le Règne du Sacré Cœur.

La série se continue.

LOURDES

Par Alfred de BESANCENET

Brochure de 16 pages, avec huit gravures hors texte, représentant : le portrait authentique de Bernadette Soubirous ; les anciennes et nouvelles grottes ; les pèlerinages, etc. Jolie couverture en couleur, montrant l'apparition de la Vierge. Prix. . . 1 fr. 50

LA FRANCE ET LE SACRÉ CŒUR

Par le P. Victor ALET

de la Compagnie de Jésus

Un vol. in-4°, 180 gravures. Broché. . . . . 10 fr.

Le culte du Sacré Cœur, dit Mgr Pie, c'est la quintessence même du christianisme, c'est l'abrégé de toute la religion.

ARTICLES DIVERS

Peintures à la main, sur parchemin, ivoirine et gélatine. Grande variété de fleurs et d'emblèmes religieux pour fêtes, souvenirs de Première Communion, de reconnaissance et d'adieu, avec devises, depuis 3 fr. jusqu'à 60 fr. la douzaine.

Scapulaires confectionnés, Mont-Carmel, Immaculée-Conception et la Passion.

Petits. Qualité de drap et lacet extra, travail très soigné . . . . 1 fr. la douzaine.

Grands. — — 2 fr. la douzaine.

La Maison se charge, sur commande, d'établir des scapulaires réunis par deux, trois et cinq.

Cartes chromos artistiques *pour collections*. Fleurs, paysages, marines, sujets de genre, etc.

Cartes de félicitation avec devises d'amitié et de fêtes. Cartes unies, gaufrées et satinées.

Menus et Cartes de table, environ 1 500 modèles différents dans tous les genres.

Surprises dites tirettes, avec sujets religieux et de fantaisie. 100 modèles différents.

Reliefs, Plaques, Découpures. Fleurs, fruits, paysages, animaux, têtes de femmes et enfants, sujets de genre, fantaisie et religieux, avec et sans devises, satin, etc. Environ 2 000 modèles différents.

Papiers à lettres de luxe et du Jour de l'An.

Papiers de fantaisie pour le cartonnage et la reliure.

Feuilles chromos pour le cartonnage. *Paysages, fleurs, fruits, têtes de femmes, sujets de genre*, etc.

Feuilles chromos. *Sujets religieux*, par 16, 32, 64, 72, 100 et 200 sujets à la feuille.

Feuilles de compliments et de compositions.

Livres d'images et jeux pour enfants.

Papier canevas — Carton perforé.

Calendriers perpétuels.

Albums pour collection de chromos, découpures, etc.

Plans panoramiques des grandes villes de France, tirés en 10 couleurs, sur beau papier (format 0m,70 sur 1 mètre).

Ont paru : *Montpellier, — Toulouse, — Rouen, — le Havre, — Nantes.* Prix de chaque plan . 10 fr.

Impressions en tous genres — Calendriers — Annonces — Tableaux-réclames
Étiquettes — Éditions particulières

Imp. D. Dumoulin et Cie, rue des Grands-Augustins, 5, à Paris.

MAISON D'ÉDITION

F. SANGUINETTI

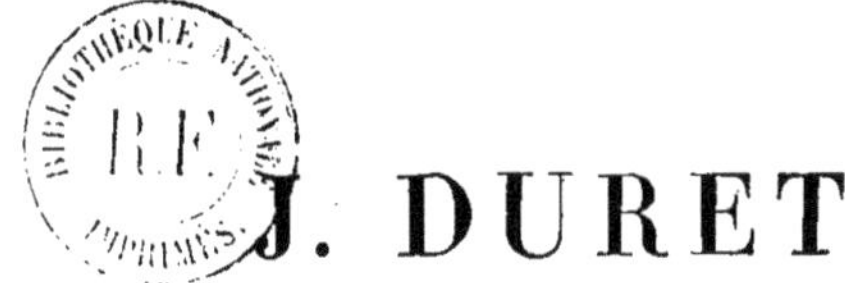

J. DURET

SUCCESSEUR

CATALOGUE 1889

OLÉOGRAPHIES — CHROMOLITHOGRAPHIES

LITHOGRAPHIES — PHOTOGRAPHIES — GRAVURES

HÉLIOGRAVURES — PHOTOGRAVURES

PARIS

J. DURET, ÉDITEUR, RUE DES ARCHIVES, 12

Ce Catalogue annule les précédents

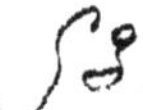

DIVISION DU CATALOGUE

INTRODUCTION

Toute entreprise industrielle et artistique doit avoir un but nettement déterminé et un caractère auquel on puisse tout d'abord la reconnaître.

Notre maison s'est donné ce but et présente ce caractère.

« Répandre partout une saine et noble imagerie où la couleur tienne enfin sa place légitime et qui invite au Bien par le Beau » : tel est notre programme. Il n'en est pas de plus élevé.

L'Imagerie pénètre partout : elle a son rôle, auguste et nécessaire, dans l'ameublement de la maison, dans l'ornementation des livres de luxe ou d'étude, dans l'enseignement des vérités religieuses et scientifiques.

Ce n'est pas sans quelque étonnement, ni sans quelque douleur, qu'en pénétrant dans les intérieurs si propres de nos villes françaises, on y aperçoit tous les murs couverts d'estampes sans caractère, de gravures sans valeur ou de méchants tableaux où le cadre seul est vraiment de quelque prix.

Il serait pourtant si aisé de recourir aux Maîtres et de parer ces honnêtes murailles avec les représentations exactes et vivantes des chefs-d'œuvre les plus populaires.

Il serait si doux de contempler, dans ces salons ennoblis, cette *Madone à la Chaise* et cette *Vierge de Saint-Sixte* dont on ne peut trop souvent admirer les originaux à Paris et à Dresde ; ou bien encore, cette *Immaculée-Conception* de Murillo et ce *Christ en croix* de Michel-Ange qui sont le ravissement de nos regards. Nous avons fait reproduire ces merveilles et les avons interprétées en couleurs, qui sont à la fois lumineuses et vraies. Ces grandes « oléographies » sont faites pour ne déparer aucune de nos galeries domestiques.

Dans la salle à manger, l'*Aurore* du Guide et les *Muses* de Jules Romain éclaireront, d'une douce lumière, le repas égayé de la famille.

Dans le cabinet de travail, éclateront les œuvres modernes. Voici l'*Excommunication* de J.-P. Laurens, avec l'*Age de pierre* de Cormon, et voilà le *Bon Samaritain* de Morot, avec tant d'autres scènes fortes ou charmantes que la lithographie a rendues avec ces tons de velours que rien ne saurait égaler.

La photographie, — par elle-même et sans aucun autre secours, — nous fournit ici tout un musée où la *Madone du Grand-Duc* de Raphaël sourit à côté du *Denier* du Titien, et où Murillo coudoie le Guide.

D'autres photographies, de moindre format, parent les cheminées recouvertes de tapis en vieux style, comme aussi ces tables de palissandre qui sont chargées de toutes les curiosités des deux mondes.

Mais l'imagerie n'est pas destinée à être uniquement sédentaire. Elle a des ailes.

Sa place favorite est dans l'Eucologe que feuillettent les enfants et leurs mères. Mais, hélas! que de médiocres, que de détestables images ont envahi et occupent aujourd'hui cet humble et noble domaine! On les connaît, on les a déjà flétries cent fois, ces horribles petites estampes, d'un symbolisme étroit et raffiné, douceâtres, mielleuses et qui amoindrissent à nos yeux la taille divine de Jésus, la haute figure de sa Mère, les traits des Saints.

Nous avons entrepris de lutter contre cette imagerie puérile et contre la niaiserie des textes qui en sont l'accompagnement obligé et lamentable. A saint Benoît, à saint François d'Assise, à saint Dominique, à saint Bernard, à sainte Thérèse, à saint Augustin, à saint Ambroise, à saint Ignace de Loyola, au bienheureux Jean-Baptiste de la Salle, à la vénérable Mère Barat, au P. Lacordaire, nous avons demandé les plus belles de leurs Maximes, auxquelles nous avons donné un cadre véritablement artistique, où triomphent encore toutes les délicatesses de la couleur. Cependant nous n'avons oublié ni les petites gravures noires qui sont plus sévères, ni les phototypies qui deviennent à la mode, ni ces photographies enfin où revit tout l'Évangile, où sont racontés tous les Saints.

C'est le propre de l'image qu'on ne peut la regarder longtemps sans avoir l'envie de la reproduire et de l'imiter. Nous avons cru répondre à un besoin de tous les enfants... et de leurs parents, en publiant une vingtaine d'Albums d'études où l'on pourra facilement apprendre l'art charmant de peindre les fleurs, les papillons, les oiseaux et tant de paysages enveloppés dans la lumière ou noyés dans le crépuscule. Une série d'ouvrages de propagande catholique a aussi réclamé tous nos soins.

C'est par là que nous avons mis la dernière main à tout l'ensemble d'un plan qui était si complexe et si vaste.

Et nous voudrions que l'on pût dire de tous les éléments de notre œuvre ce que le Père Monsabré nous écrivait récemment au sujet des *Maximes du P. Lacordaire* : « L'idée en est aimable, et l'exécution charmante. »

LETTRE DU RÉVÉREND PÈRE MONSABRÉ

MAITRE EN THÉOLOGIE

DE L'ORDRE DE SAINT-DOMINIQUE

Paris, le 20 juillet 1886.

Mon cher ami,

Je vous remercie de m'avoir communiqué les modèles des images de nos Saints que vous voulez faire éditer.

L'idée est aimable, et l'exécution est charmante.

Je suis persuadé que ceux à qui vous avez confié la reproduction de ces modèles feront œuvre véritablement artistique. Que de glorieux et bienfaisants souvenirs rappelleront aux chrétiens les Saints et Bienheureux de l'Ordre de Saint-Dominique !

Mais j'espère bien qu'il n'y aura pas de jaloux, et que les autres Ordres viendront tour à tour prendre leur place dans votre belle imagerie.

Agréez l'assurance de mon affection dévouée.

L. MONSABRÉ,
des Frères prêcheurs.

LETTRE DU TRÈS RÉVÉREND PÈRE BERNARDIN DE PORTOGRUARO

MINISTRE GÉNÉRAL DES FRANCISCAINS

Rome, le 24 janvier 1889.

Monsieur,

J'ai reçu votre Catalogue et les échantillons de vos belles images. Je vous félicite d'avoir commencé, selon le conseil du P. Monsabré, la collection des principaux Saints appartenant aux divers Ordres religieux.

Recevez en particulier mes remerciements pour la collection de nos Saints. Bien volontiers je la recommanderai à tous les couvents de notre Ordre. Je vous engage à la continuer, au moins pour les Saints canonisés, appartenant aux trois Ordres séraphiques et aux diverses familles du premier Ordre.

Rien ne saurait mieux faire connaître les Saints que leurs vrais portraits, autant que l'histoire et l'art chrétien peuvent les reproduire.

Vos images sont aussi gracieuses parce qu'elles sont vivantes et pour ainsi dire parlantes, et, en faisant revivre le Saint, elles laissent deviner les célestes beautés de son âme. Apportez le même goût à vos productions futures, et vous satisferez à la fois la vérité historique et la piété.

Agréez, cher Monsieur, mes meilleurs sentiments en Notre-Seigneur.

Votre bien dévoué,

F. BERNARDIN DE PORTOGRUARO,
Ministre général des Franciscains.

IMITATIONS DE PEINTURES, OLÉOGRAPHIES

POUR L'ENCADREMENT

Nos de RÉFÉRENCE	DÉSIGNATION DES SUJETS	DIMENSIONS HAUTEUR	DIMENSIONS LARGEUR	PRIX par FEUILLE
	SUJETS RELIGIEUX	cent.	cent.	fr.
	Christ en croix, d'après Michel-Ange, sur bristol, marg. compr.	55	43	4 »
	Ecce Homo, d'après Guido Reni, sur bristol, marges comprises. } Pendants . . .	55	43	4 »
	Mater Dolorosa, d'après Carlo Dolci, sur bristol, marges comprises. } Pendants . . .	55	43	4 »
	Vierge à la Chaise, d'après Raphaël, sur bristol, marg. compr.	55	43	4 »
	Madone de Saint-Sixte, d'après Raphaël, sujet en pied, sur bristol, marges comprises.	55	43	4 »
	Immaculée Conception, d'après Murillo, sujet en pied, marges comprises.	55	43	4 »
	Madone de Saint-Sixte, d'après Raphaël, sujet en buste, marges comprises.	38	38	2 50
	Le Christ devant Pilate, d'après Michel de Munkacsy.	95	64	25 »
	Le Sacré Cœur de Jésus invitant à la pénitence.	83	60	6 »
	Virgo Potens (Notre-Dame du Globe).	76	52	6 »
	Assomption, de Murillo.	76	52	6 »
201w	**Notre-Dame du Perpétuel Secours**, marges comprises. . . .	73	55	4 »
202w	**Saint Joseph**, marges comprises.	73	55	4 »
209w	**Saint Alphonse de Liguori**, marges comprises.	73	55	4 »
209L	**Saint Alphonse de Liguori**, sans marges.	46	34	3 »
210w	**Notre-Dame du Bon Conseil**, marges comprises.	73	55	4 »
211w	**Bienheureux Clément-Marie Hofbauer**, marges comprises. . .	73	55	4 »
221w	**Notre-Dame du Perpétuel Secours**, marges comprises. . . .	55	36	2 »
222w	**Saint Joseph**, marges comprises.	55	36	2 »
225w	**Notre-Dame du Bon Conseil**, marges comprises.	55	36	2 »
233L	**Sacré Cœur de Jésus**, sans marges.	42	29	1 50
233w	**Sacré Cœur de Jésus**, marges comprises.	73	55	4 »
234L	**Sacré Cœur de Marie**, sans marges.	42	29	1 50
234w	**Sacré Cœur de Marie**, marges comprises.	73	55	4 »
239w	**Saint Alphonse de Liguori**, marges comprises.	55	36	2 »
	Chemin de Croix, 14 stations, sans marges.	40	30	12 »

Nos de RÉFÉRENCE	DÉSIGNATION DES SUJETS	DIMENSIONS HAUTEUR	LARGEUR	PRIX par FEUILLE
	SUJETS DIVERS DE GENRE ET DE FANTAISIE	cent.	cent.	fr.
1	**La Pénitence** (Marguerite)	87	63	15 »
4	**Le Joueur de cithare.** Pendants.	79	63	7 »
5	**Le Grondeur.**	79	63	7 »
12	**Protection naïve.** Pendants.	79	63	7 »
13	**Dîner forcé.**	79	63	7 »
14	**Anecdotes amusantes.** Pendants.	70	54	5 50
15	**Défaite inévitable.**	70	54	5 50
16	**Dame noble des Pays-Bas.** Pendants.	70	54	3 »
17	**Dame noble vénitienne.**	70	54	3 »
18	**Le Péage.** Pendants.	70	54	5 50
19	**Déjà passé.**	70	54	5 50
24	**Pensées heureuses.** Pendants.	70	54	5 50
25	**Endroit favori.**	70	54	5 50
26	**Heures joyeuses.** Pendants.	75	100	23 »
27	**Deux fois perdu.**	75	100	23 »
28	**Jeunes chiens.** Pendants.	54	70	5 50
29	**Jeunes chats.**	54	70	5 50
33	**Chapelle au lac de Lugano**	54	70	3 »
38	**Nouvelles chaussures.** Pendants.	62	80	6 »
39	**Instruction dans la famille.**	62	80	6 »
40	**Anecdotes de chasseurs.** Pendants.	54	70	5 50
41	**Choix difficile.**	54	70	5 50
49	**Paysage et Parc**	75	100	13 50
50	**Devant le cabaret.** Pendants.	54	87	5 50
51	**Visite au champ.**	54	87	5 50
54	**Le Bon Gardien**	63	79	7 »
73	**Ophélie** (Hamlet). Pendants.	71	100	23 »
74	**La Condamnation de Constance de Beverley.**	71	100	23 »
75	**La Fête des roses.** Pendants.	63	87	16 »
76	**La Fête des vendanges.**	63	87	16 »
77	**Intrigue.** Pendants.	68	51	5 50
78	**Déception.**	68	51	5 50
79	**En fleuraison.** Pendants.	84	119	23 »
80	**Quand les feuilles tombent.**	84	119	23 »
81	**Une proposition**	87	63	15 »
82	**Lac de Gmünden.** Pendants.	64	87	7 »
83	**Lac de Saint-Barthélemy.**	64	87	7 »
84	**Château de Miramar.** Pendants.	63	87	7
85	**Villa à la Riviera.**	63	87	7 »
88	**Ce que vous voudrez.** Illustrations des Œuvres de Shakespeare, sous passe-partout.	55	67	11 »
89	**Hamlet.**	55	67	11 »
90	**Le Songe d'une nuit d'été.**	55	67	11 »
91	**Le Conte d'hiver.**	55	67	11 »
92	**Joueuse de guitare**	80	45	8 »
93	**Les Canotiers,** d'après A. Louza	80	61	16 »
98	**Les Mariés.** Pendants.	110	67	35 »
99	**Le Baptême.**	110	67	35 »

Nos de RÉFÉRENCE	DÉSIGNATION DES SUJETS	DIMENSIONS HAUTEUR	DIMENSIONS LARGEUR	PRIX par FEUILLE
	SUJETS DIVERS DE GENRE ET DE FANTAISIE	cent.	cent.	fr.
113	**Aveu muet.** } Pendants.	78	61	12 50
114	**En compagnie.** }	78	61	12 30
	Matin d'hiver. } Pendants. Fac-similés d'aquarelle, sous	54	68	12 50
	Soir d'automne. } passe-partout.	54	68	12 50
	Le Réveil du printemps. } Pendants. Fac-similés d'aquarelle,	92	117	75 »
	Soir dans la forêt. } sous passe-partout.	92	117	75 »
	Le Triomphe de l'Aurore, d'après Guido Reni. Fac-similé d'aquarelle, sous passe-partout et sur châssis. } Pendants	78,8	130,9	120 »
	La Danse des Muses, d'après Giulio Romano. Fac-similé d'aquarelle, sous passe-partout et sur châssis. }	78,8	130,9	120 »
	Matin d'hiver, par A. Schliecker, sur bristol. } Pendants.	43	55	4 »
	Soir d'automne, par A. Schliecker, sur bristol. }	43	55	4 »
	Panorama de l'Acropole, côté Ouest, sur brist. } Aquarelles	43	55	4 »
	Vue des ruines du Parthénon, sur bristol. } d'ap. Ch. Werner,	43	55	4 »
	L'Erechthéion, sur bristol. } tirées des Ruines	43	55	4 »
	Le Temple de Niké, sur bristol. } d'Athènes.	43	55	4 »

ÉTUDES DE PEINTURE

PAYSAGES ET MARINES

1575. — **Six Paysages**, par Wedworth Wadsworth. 3 motifs d'Automne et 3 motifs d'Hiver. Format 12 1/2 × 17 1/2 cm., sur bristol 24 × 33 cm. Ensemble. . . . . 9 fr.

La Côte anglaise. Douze fac-similés d'aquarelles d'après T. de Eckenbrecher. Format 10×14 cm., sous passe-partout format 28 1/2 × 24 1/2 cm. Prix par série. . . . . 15 fr.

1. Fishers Nos et Mont Batten. — 2. Alum Bay et Neelles. — 3. Newlyn. — 4. Plymouth, vue du mont Edgecumb. — 5. St. Mary. — 6. Brighton. — 7. Dover. — 8. Anstis Cove. — 9. Les Rochers de Menawore. — 10. Le Jardin de Tresco Abbey. — 11. Les Rochers du Logan. — 12. Oddicombe Stands.

La Côte anglaise. Dix-huit fac-similés d'aquarelles d'après T. de Eckenbrecher, 65 fr. Exemplaires séparés. . . . . 4 fr.

Format de l'aquarelle, 21 1/2 × 32 1/2 cm. Format du bristol, 43 × 55 cm. : 1. Fingals cave. — 2. Lands End. — 3. Anstis Cove. — 4. Le Phare de Longhsip. — 5. Brighton. — 6. Plymouth.

Format de l'aquarelle, 17 × 25 cm. Format du bristol, 43 × 55 cm. : 7. Fishers Nose et Mont Batten. — 8. Alum Bay et Needles. — 9. Newlyn. — 10. Plymouth, vue du Mont Edgecumb. — 11. St. Mary. — 12. Brighton. — 13. Dover. — 14. Anstjs love. — 15. Les Rochers de Menawore. — 16. Le Jardin de Tresco Abbey. — 17. Les Rochers de Logan. — 18. Oddicombe Sands.

Vues d'Egypte. Études d'aquarelles. Fac-similés d'aquarelles d'après nature, par Charles Werner. Deux séries à 12 planches. Format 23 1/2 × 16 1/2 cm., sur bristol, format 39×30 cm Prix par série. 15 fr.

Sommaire : Série I : 1. Le Caire vu du Nord. — 2. Les Pyramides de Giseh. — 3. Café au Caire. — 4. Les Rues du Caire. — 5. Mausolée du cheick Ababd. — 6. Bords du Nil, près Achmim. — 7. Statues à tête de lion. — 8. Cour du temple de Medineh. — 9. Ruines du temple de Kum. — 10. Sépulcre à El-Kab. — 11. Enfant nubien. — 12. Vue de l'île de Philæ. — Série II : 13. Les Mausolées des califes. — 14. Les Bords du Nil, près Beni-Soueff. — 15. Ruines du temple de Karnak. — 16. Changeur à Esneh. — 17. Boutique de barbier à Achmim. — 18. Rubanier à Esneh. — 19. Assuan. — 20. Le Temple d'Isis à Philæ. — 21. Mirjam. — 22. Bazar de Girgeh. — 23. Les Statues de Memnon. — 24. Temples de Louqsor.

Paysages de la Suisse. 24 aquarelles d'après nature, par A. Mosengel. Sur bristol format 41 × 30 cm. Livraison complète, 60 fr. Exempl. séparés. 3 fr.

Sommaire : Format de l'aquarelle, 20 cm. hauteur, 29 cm. largeur. : Friedrichshafen. — Château de Chillon. — Château de Marchlins. — Misocco. — Ruines du Château de Wartenstein. — Blümlisalp. — Seelisberg. — Château et pont près de St.-Maurice. — Katsis dans la vallée de Domleschg. — Le Lac de Thoune. — Au bord du Wallensee. — Le Lac de Brienz — Stansstad. — Le Lac des Quatre-Cantons. — Hauteur. 27 cm.; largeur. 22 cm. : Mont-Cervin. — Chute inférieure du Reichenbach. — L'Eiger. — La Chute de la Bernina. — La Jungfrau. — Le Grand-Ruchen. — Château de Rhezuns. — Le Staubbach. — Hauteur. 19 3/4 × 28 3/4 cm. : La Chute du Rhin. — Hauteur, 22 × 27 cm. Eglise de Montreux.

Paysages de la Suisse. Les mêmes 24 aquarelles format 12 × 17 cm., sous passe-partout format 25 × 31 cm. Livraison complète . . . . 22 fr. 50

Six Études. Effets de lumière. Six chromolithographies originales. Format 28 × 43 cm., sur bristol 45 × 60 cm. Livraison complète, 30 fr. Exemplaires séparés. . . . . 6 fr.

Sommaire : La Solitude de l'Océan. — La Nuit sur le lac. — Le Matin sur le fleuve. — Tempête dans les bruyères. — En plein midi. — L'Approche de l'orage.

Les Ruines d'Athènes. Vues de l'Acropole, d'après les aquarelles de Charles Werner. 7 aquarelles format 37×53 cm., sur bristol format 66×78 cm. Livraison complète, 125 fr. Exemplaires séparés. . . 20 fr.

Sommaire : 1. Panorama de l'Acropole, côté Ouest. — 2. Les Propylées. — 3. Vue de la porte du Parthénon. — 4. Vue des Ruines du Parthénon. — 5. L'Erechthéion. — 6. Le Temple de Niké. — 7. Le Champ des Ruines du Parthénon.

FLEURS

Études de fleurs. 12 planches format 38 × 27, 18 fr. Par livraison de 4 planches. . . . . 6 fr.

Sommaire : 1. Aubépine. — 2. Pois de senteur. — 3. Reines-marguerites. — 4. Boutons d'or. — 5. Capucines. — 6. Acacia. — 7. Laurier-rose. — 8. Roses. — 9. Géranium. — 10. Chèvrefeuilles. — 11. Cinéraires. — 12. Azalées.

1 et 2. — **Études de fleurs**, d'après les aquarelles de W.-J. Muckley. 2 séries de 4 planches format 26 × 35 cm. Prix par série . . . . . . 6 fr. 50

Sommaire : 1. Rose-thé. — 2. Julienne des dames. — 3. Pélargonium. — 4. Millepertuis. — 5. Rose-thé et pied d'alouette. — 6. Pois de senteur. — 7. Chèvrefeuille. — 8. Roses de Noël.

1560 et 1560ª. — **Études de fleurs**. 12 planches, par A. Lunzer. Format 22 × 30 cm. Prix par livraison de 6 planches. . . . . 7 fr. 50

Sommaire : 1. Verveines. — 2. Œillets. — 3. Pensées, Pâquerettes. — 4. Roses. — 5. Primevères. — 6. Sabots de Vénus, Orchis. — 7. Myosotis, Héliotrope, Mimosas. — 8. Pervenches, Muguets, Violettes. — 9. Primevères, Narcisses. — 10. Pyrus, Résédas. — 11. Géraniums. — 12. Pélargoniums.

Fleurs, par Borel-Reinhart. 2 séries à 4 livraisons. Fac-similés d'aquarelles sur bristol format 42×59 1/2 cm. Prix de la livraison de 3 feuilles, 9 fr. Feuilles séparées . . . . 3 fr. 75

Série I : Livraison I : 1. Azalée. — 2. Iris. — 3. Anémones. — Livraison II : 4. Fleurs de pommier. — 5. Clématite. — 6. Pavot. — Livraison III : 7. Lotus. — 8. Alcée. — 9. Fleurs d'acacia. — Livraison IV : 10. Lilas. — 11. Œillets jaunes et rouges. — 12. Œillets de la Malmaison. — Série II : Livraison I : 1. Gloire de Dijon. — Pélargonium. — 3. Magnolier. — Livraison II : 4. Lis. — 5. Maréchal Niel. — 6. Louis van Houtte. — Livraison III : 7. La France. — 8. Fleurs de pommier. — 9. Marie van Houtte. — Livraison IV : 10. Niphetos. — 11. Comtesse Labarthe. — 12. Chrysanthème.

Les Roses, par Borel-Reinhart. Deux séries à 6 feuilles. Fac-similés d'aquarelles sous passe-partout format 41 1/2×49 1/2 cm. Prix de la série sous passe-partout, 15 fr. Sans passe-partout, 12 fr. 50. Feuilles séparées. . . . . 2 fr. 50

Série I : 1. Boule de neige. — 2. Souvenir de la Malmaison. — 3. La France. — 4. Paul Néron. — 5. Maréchal Niel. — 6. Gloire de Dijon. — Série II : 7. Marie Baumann. — 8. Louis van Houtte. — 9. Reine des Violettes. — 10. Panachée d'Orléans. — 11. Soupert et Nothing. — 12. Capitaine Christy.

Les Mêmes, petite édition. Sous passe-partout format 26 1/2 × 20 cm. Une série à 12 planches : prix, 12 fr. Sans passe-partout. . . . . 9 fr.

L'Année en fleurs. Les Douze mois d'après les aquarelles de Jeanne Brehmer. Fac-similés d'aquarelles format 33 × 28 cm., sur bristol format 50 × 42 cm. Livraison complète, 20 fr. Sans bristol, 16 fr. Feuilles séparées. . . . . 2 fr.

Fleurs de Printemps. Fac-similés d'aquarelles d'après George Hirt. 12 planches format 19 1/2 × 16 cm., sous passe-partout format 33 1/2 × 28 cm Livraison complète. . . . . 10 fr.

Sommaire : 1. Branche de cytise avec papillon. — 2. Eglantier, Fleurs des prés, Fougères. — 3. Couronne de Violettes et de Primevères. — 4. Branche de hêtre, Fleurs de prunellier. — Chatons de saule et hannetons. — 5. Roses et Jasmins. — 6. Bouquet de lilas. — 7. Couronne de Myosotis et Résédas. — 8. Renoncule et Fleurs des prés. — 9. Bouquet de Muguet et Giroflées. — 10. Branche fleurie d'aubépine. — 11. Branches de Sapin et de Thuya. — 12. Pâquerettes et branche de Bouleau.

Six Couronnes de fleurs, études pour l'aquarelle. 6 planches, fac-similés d'aquarelles, d'après Clément Haas. Hauteur, 28 ; largeur, 22 cm. Prix. 7 fr. 50.

Études d'aquarelles pour la décoration de porcelaine, satin, bois, cuir, etc. 12 planches, fac-similé d'aquarelles. Format 24 × 34 cm. 3 séries à 4 planches, complet, 20 fr. Livraisons séparées, 7 fr. Planches séparées. . . . . 2 fr.

Sommaire : Livraison I : 1. Gentiane, Camomille romaine, Bluet, Myosotis. — 2. Liseron et Marguerite, Myosotis, Avoine, Folle-Avoine, Immortelles, Fleur de Pavot, Phalène, Héméra bleu. — 3. Cheveux de Vénus, Anémone italienne, Chardon, Lierre, Jonquille. — 4. Fleurs et fruits de Mûrier sauvage, Auricule, Chrysanthème, Libellule, Sphinx mouche. — Livraison II : 5. Eglantier, Myosotis, Arpenteuse. — 6. Clématite, Chèvrefeuille, Adonide, Guêpe, Cléopâtre. — 7. Pavot, Bluet, Trèfle à quatre feuilles, Pensée, Fougère, Primevère. — 8. Cresson d'Inde, Fleurs en cloche, Cheveux de Vénus, Pissenlit, Acanthe. — Livraison III : 9. Noisettes, Mésanges bleues. — 10. Pyrus, Prunelles, Moineau, Papillon blanc du chou. — 11. Fleurs de pommier américain, Colibri. — 12. Vigne sauvage, Colibri, Guêpe, Mouche.

ÉDITIONS FORMAT ALBUM

L'Année en fleurs, d'après Jeanne Brehmer. Les Douze mois. Fac-similés d'aquarelles.

Fleurs de Printemps, d'après George Hirt. 12 planches fac-similés d'aquarelles.

Sommaire : 1. Branche de Cytise avec papillon. — 2. Eglantier, Fleurs des prés, Fougère. — 3. Couronne de Violettes et Primevères. — 4. Branche de hêtre, Fleurs de Prunellier, Chatons de saule, Hannetons. — 5. Roses et Jasmins. — 6. Bouquet de Lilas. — 7. Couronne de Myosotis et Résédas. — 8. Renoncule et Fleurs des prés. — 9. Bouquet de Muguet et Giroflées. — 10. Branche fleurie d'Aubépine. — 11. Branches de Sapin et de Thuya. — 12. Pâquerettes et branche de Bouleau.

Bouquets et Couronnes d'après Pauline Gindroz et Élise Cords. 12 planches fac-similés d'aquarelles et gouaches.

Sommaire : 1. Couronne Muguet et Bluets. — 2. Cyclamen et Pivoine. — 3. Couronne, Viola biflora. — 4. Amélie. — 5. Couronne de Bluets. — 6. Myosotis et Pivoine. — 7. Jasmin. — 8. Campanule. — 9. Couronne Roses des Alpes et Patte-de-Lion. — 10. Bouquet de Roses des Alpes et Patte-de-Lion. — 11. Gentiane. — 12. Couronne Fleurs de pommier, Narcisse avec papillon.

Champs, Bois et Prairies au printemps, d'après George Falk. 12 planches fac-similés d'aquarelles.

Sommaire : 1. Passe-fleur sauvage, Bugle stolonifère, Cardamine. — 2. Primevère, Pensée. — 3. Véronique, Germandrée, Marguerite. — 4. Calthe de marais, Violettes, Luzule des champs. — 5. Ortie blanche, Ortie rouge et Ortie jaune. — 6. Perce-neige, Pulmonaire. — 7. Gagée des prés, Scille, Anémone. — 8. Fumeterre, Renoncule. — 9. Primevère, Anémone. — 10. Faham, Salep, Arum maculé, Millet de l'Inde. — 11. Chrysantème, Campanule, Airelle, Paturin. — 12. Adonide, Muguet, Myosotis.

Fleurs d'Automne, d'après G. Falk et E. Schmidt. 12 planches fac-similés d'aquarelles.

Sommaire : 1. Roses rouges. — 2. Roses foncées. — 3. Roses jaunes. — 4. Roses blanches. — 5. Bonnet de prêtre. — 6. Noisettes. — 7. Chèvrefeuille, Morelle, Colchique commun. — 8. Léontodon. — 9. Chardon. — 10. Fleurs des champs. — 11. Feuillage de Chêne. — 12. Cresson d'Inde.

Fleurs des Alpes d'après Clément Haas. 12 planches fac-similés d'aquarelles.

Les 6 livraisons ci-dessus, format des planches 10 × 8 1/2 cm., sous passe-partout 18 × 15 cm. en enveloppe . . . . 3 fr. 75

Ces 6 livraisons ensemble en enveloppe. 15 fr.

OISEAUX

Études d'oiseaux d'après nature. 12 planches, format 33 × 49 cm., 24 fr. Par livraison de 4 pl. . 8 fr.

Sommaire : 1. Bruant et Verdier. — 2. Fauvette à tête noire et Mésange bleue. — 3. Les Inséparables. — 4. Moineaux francs. — 5. Fauvette grise et Mésange charbonnière. — 6. Chardonneret et Pinson. — 7. Troglodyte et Roitelet. — 8. Bouvreuil et Tarin. — 9. Rouge-gorge et Rossignol. — 10. Rossignol du Japon et Rossignol de muraille. — 11. Les Hirondelles de fenêtre. — 12. Bergeronnette et Lavandière jaune.

Oiseaux des îles. 12 planches, format 28 × 38, 18 fr. Par série de 4 planches. . . . . 6 fr.

Oiseaux et plantes exotiques d'une grande beauté.

Les Oiseaux. 12 études, d'après les aquarelles de Jeanne Marie. Format 39 × 28 cm. 3 séries à 4 planches, complet, 20 fr. Livraisons séparées, 7 fr.

Sommaire : Livraison I : 1. En hiver. — 2. Place bien tranquille. — 3. Sous les fleurs. — 4. Souci de ménage. — Livraison II : 5. Excursion du soir. — 6. Sous les églantiers. — 7. Les Premiers arrivés. — 8. Sous les lilas. — Livraison III : 9. Dans les roseaux. — 10. A l'affût. — 11. Mésanges. — 12. Hirondelles.

PAPILLONS

Papillons et Fleurs d'après nature. Format 28 × 38, 12 planches, 18 fr. Par série de 4 planches. 6 fr.

Sommaire : 1. Petite tortue, Machaon. — 2. Vulcain, Paon du jour. — 3. Vanessa cardui, Vanessa gamma. — 4. Le Flambé, Piéride du chou. — 5. Écaille fermière, le Grand nacré. — 6. Nymphale du peuplier, Mars changeant. — 7. La Hachette, Écaille hébé. — 8. Apollon, Petit-Sylvain. — 9. Aurore, Calimorphe chinée. — 10. Mario, Sphinx de l'Euphorbe. — 11. Cléopâtre, Lichnée bleu. — 12. Sphinx de la vigne, Noctuelle la Mariée.

ANIMAUX DOMESTIQUES

Les Races chevalines modernes, par E. Janssen. 20 fac-similés d'aquarelles. Format de la feuille 65×83 cm., format de l'aquarelle 39×51 cm., sur fort carton à estampes. Livraison complète, 5 séries de 4 feuilles chacune, 125 fr. Séries séparées, 25 fr. Exemplaires séparés. . . . . 7 fr. 50

Sommaire : Série I : Arabe. — Anglais pur sang. — Clydesdale (Ecosse). — Danois. — Série II : Cob de selle anglais. — Arabe croisé. — Hanovrien. — Jutlandais (Danois). — Série III : Mecklembourgeois. — Holsacien. — Cheval de Pinzgau (Autriche). — Ardennais. — Série IV : Percheron. — Cheval de Trakenhen (Prusse). — Poméranien. — Norwégien. — Série V : Hongrois russe des steppes. — Trotteur russe. — Oldenbourgeois. — Russe des haras.

FRUITS

Études de fruits d'après nature. 12 planches, format 33×49 cm., 24 fr. Par série de 4 planches, 8 fr.

Sommaire : 1. Prunes. — 2. Abricots et figues. — 3. Raisins et pêches. — 4. Cerises et fraises. — 5. Framboises et groseilles. — 6. Cassis et groseilles. — 7. Oranges et amandes. — 8. Pommes. — 9. Grenades et nèfles. — 10. Pommes. — 11. Raisins noirs et noix. — 12. Poires.

SUJETS DIVERS

Amour divin. 4 études de fantaisie, d'après Angelo Trentin. Jeunes filles et amours, dessins ravissants. 4 planches, format 34×49 cm. . . . . . 10 fr.

Quatre Études de têtes de femmes, d'après les pastels de M. F. Courtenay. Format 51 × 39 cm. Livraison complète . . . . 12 fr. 50

1. Angleterre. — 2. Ecosse. — 3. Irlande. — 4. Galles.

Les Heures du jour et de la nuit. Sujets femmes allégoriques avec les décorations des piédestaux. 12 aquarelles d'après Raphaël Santi. Format 19 × 30 cm. Livraison complète. . . . 11 fr. 25

Cours d'aquarelle, par Eugène Cicéri (2e édition). 1 fort volume (27×39 cm.) en carton. — 25 leçons de texte en français, anglais, allemand et espagnol. — 48 planches en fac-similés d'aquarelles et 6 modèles d'aquarelles. Prix, 40 fr. Il a été tiré sur papier Whatman des feuilles de *trait* de chaque aquarelle au prix de 75 centimes la feuille. La collection de ces 25 modèles . . . . 12 fr.

Ce cours, qui se compose de **vingt-cinq Leçons** progressives, est conçu sur un plan tout différent de ce qui a été fait jusqu'ici, afin que l'élève puisse apprendre *réellement* l'aquarelle.

Jusqu'à ce jour, les traités d'aquarelle et les modèles adressés aux élèves étaient incompréhensibles pour les inexpérimentés, et l'élève qui aurait pu reproduire un de ces modèles eût été un maître et n'eût pas eu besoin de leçons.

Frappé, comme nous, de la lacune qui existait dans l'enseignement d'un art aussi intéressant que l'aquarelle, M. Eugène Cicéri a bien voulu publier la méthode d'après laquelle il peint lui-même, et a formé tant de remarquables élèves.

Quelques mots sur la progression de notre Cours feront comprendre aux professeurs et aux amateurs que nous leur offrons une *vraie méthode*.

L'ouvrage se compose de **vingt-cinq Leçons** écrites et de **48** planches d'aquarelle.

Ces **48** planches comprennent **25** sujets, chaque sujet se décomposant en deux planches, qui donnent : la première, la préparation du travail, *les dessous*, et la seconde, le travail terminé.

On saisira tout de suite ce que cette façon d'enseigner a de précieux. L'élève s'habitue à décomposer le travail et devient peu à peu familier avec le côté métier de l'aquarelle.

Cours élémentaire d'aquarelle à l'usage des écoles. Ouvrage composé de 15 planches dont 8 sont imprimées en 2 feuilles, afin de faciliter à l'élève l'étude de l'aquarelle, par Eugène Cicéri. 1 volume (27 × 36 cm.) en carton. Prix. . . . . . 20 fr.

Cours de dessin au fusain, par Karl Robert. 1 volume, contenant 20 planches (32×45 cm.), dans un carton et texte séparé. . . . . 30 fr.

Simplifier autant que possible et rendre accessible à tous l'étude du dessin au fusain, telle a été notre préoccupation constante. Nous espérons donc que le public accueillera favorablement notre ouvrage, car nous sommes convaincus que la méthode en a été rigoureusement châtiée et réduite pour ainsi dire à sa plus simple expression.

La Forêt de Fontainebleau, par Allongé. Album de 12 planches (40 × 60 cm.). — Franchart. — La Mare aux Pigeons. — La Vallée de la Solle. — Point de vue du Calvaire. — Le Carrefour des Néfliers. — La Gorge aux Loups. — La Mare aux Fées. — Entrée de Marlotte. — Le Long Rocher. — Route de Barbizon. — Rond-point de la reine Amélie. — Le Sully, gorges d'Apremont. Dans un carton élégant. . . . . 30 fr.

Cette magnifique publication forme non seulement un album des plus artistiques et des plus intéressants, mais encore toutes les compositions du maître peuvent être utilisées comme modèles par les amateurs déjà avancés dans la pratique du dessin au fusain.

Études classiques de dessin, tirées de la collection des *Classiques de l'Art*, par M. Félix Ravaisson, membre de l'Institut, Inspecteur général de l'Instruction supérieure, publiées sous les auspices de M. le Ministre de l'Instruction publique. 100 planches (40 × 57 cm.). Chaque planche se vend séparément . . . . 1 fr. 50

Méthode de dessin à l'usage des écoles et des lycées, Contenant l'enseignement analytique de l'art du dessin et les proportions de la figure humaine, conformément à la tradition de l'antiquité et des grands maîtres, par Adolphe Yvon, professeur à l'École des Beaux-Arts. Planches lithographiées, par Soulange-Teissier, professeur de dessin au Lycée Louis-le-Grand. 24 planches (31 × 46 cm.). réunies dans un carton. . . . . 15 fr.

Cours élémentaire et gradué du dessin de la figure humaine, lithographié par Jules Laurens. Publié sous les auspices de M. le Ministre de l'Instruction publique, pour servir à l'enseignement du dessin, sous la direction de M. Sébastien Cornu. 30 planches (31 × 46 cm.), réunies dans un carton . . 15 fr.

CHROMOLITHOGRAPHIES

ÉDITIONS ARTISTIQUES POUR LIVRES RELIGIEUX

N. B. — *Les sujets ou emblèmes de ces différentes séries ne sont jamais vendus séparément.*

(Il a été toutefois fait exception pour les portraits de Notre-Seigneur et de la sainte Vierge de la série Lacordaire.)

N° 1440. **Maximes du Très Révérend Père Lacordaire** (Restaurateur en France des Frères Prêcheurs). Douze miniatures, portraits de Notre-Seigneur, de la Très Sainte Vierge et des Saints et Saintes de l'Ordre de Saint Dominique. 1 fr. 25

1440*. **Portraits de Notre-Seigneur et de la très sainte Vierge.** Format in-18. Le cent . . . 15 fr.

Ces deux compositions délicieuses faisant partie de la pochette Lacordaire, nous avons dû céder aux demandes nombreuses de nos amis en les vendant séparément.

N° 1041. **Maximes de la Vénérable Mère Barat** (Fondatrice des Dames du Sacré-Cœur). Douze compositions artistiques . . . . 1 fr.

N° 1668. **Maximes de saint Ignace**, Fondateur de la Compagnie de Jésus ; douze compositions artistiques, portraits et sujets des Saints de l'Ordre. . . . . 1 fr. 25

N° 1750. **Horloge de la Passion.** Douze miniatures. Cette magnifique collection offre aux chrétiens fidèles un moyen facile de méditation sur les souffrances de Notre-Seigneur Jésus-Christ . 1 fr. 25

N° 1769. **Souvenir du Jubilé sacerdotal de Notre Très Saint Père le pape Léon XIII.** Hommage de Foi et d'Amour ; six miniatures. . . . . 75 c.

N° 1749. **Maximes de la Vénérable servante de Dieu Louise de Marillac**, Veuve Le Gras, Fondatrice des Filles de la Charité, sœurs de Saint-Vincent de Paul ; douze miniatures . . . . 1 fr. 25

N° 1745. **Maximes du Très Révérend Père Barré**, fondateur de la Congrégation du Saint-Enfant Jésus, dite de Saint-Maur. Douze compositions artistiques . . . . 1 fr. 25

N° 1743. **Maximes de saint Dominique, fondateur de l'ordre des Frères prêcheurs.** Douze miniatures : la Reine du Saint-Rosaire, saint Joseph, sainte Marie-Madeleine et portraits des Saints et Saintes de l'ordre (2e série). . . . . 1 fr. 25

N° 1742. **Maximes de saint François d'Assise.** Douze miniatures d'après les maîtres et portraits authentiques . . . . 1 fr. 25

N° 1946*. **Maximes du Saint Enfant Jésus.** Sept compositions dont une miniature, Notre-Seigneur enfant, et six dessins emblématiques. . . 75 c.

En préparation, pour paraître le 1er janvier prochain.

N° 1949. **Maximes de saint Ambroise, Père de l'Eglise.** Douze miniatures des Vierges martyres d'après des portraits authentiques . . . 1 fr. 25

N° 2038. **Fleurs du Carmel.** Douze miniatures des Saints et Saintes de l'Ordre d'après des portraits authentiques . . . . 1 fr. 25

Parmi les productions de l'imagerie religieuse de ces dernières années, aucun n'a recueilli autant de sympathies et de succès que les séries des Maximes de saint François d'Assise, de saint Ignace de Loyola, du Très Révérend Père Lacordaire et de la Vénérable Mère Barat.

Joignant le fini de l'exécution à un goût tout à fait artistique, les chromolithographies de ces collections sont de véritables petits chefs-d'œuvre : les portraits historiques dont sont composées ces pochettes leur assurent une place distinguée dans l'art graphique, en même temps que les pensées qui les accompagnent font revivre la dévotion aux Saints et servent à faire mieux apprécier la vie monastique.

Nos nouvelles collections seront dignes de leurs devancières, tant par la pureté et l'élévation du dessin que par le beau choix des sentences.

Les différentes familles religieuses trouveront leur tour dans nos publications. Ainsi viendront prochainement : Les Saints et Saintes de l'Ordre du Carmel, de Saint-Benoît, de Saint-Basile de Saint-Augustin, de Saint-Pacôme, de Saint-Hilarion, de Saint-Théodose, de Saint-Romuald, de Saint-Pierre Nolasque, de Saint-Norbert, de Saint-Gaëtan, de Saint-Jean de Matha, de Saint-Bruno, de Saint-Paul de la Croix, des Servites de Marie, de Sainte-Angèle de Mérici. Les Maximes de saint Bernard, de saint Vincent de Paul, de saint François de Sales, de saint Alphonse de Liguori, du Bienheureux Grignion de Montfort, du Bienheureux Pierre Fourier, du Vénérable Père Eudes, du Vénérable Père Libermann, la série des douze Apôtres, celle des Pères du Désert, une série des Vierges martyres et enfin une de nos Saints pauvres couronneront notre pieuse entreprise.

N. B. — *Aucune des compositions formant les séries des différents numéros ci-après ne peut être vendue séparément.*

On ne livre jamais moins de 25 cartes du même numéro.

N° 103. **Douze compositions.** Fleurs avec devises sur les Saintes Ecritures. Le cent . . . . 2 fr.

N° 225. **Le Sacré Cœur de Jésus invitant à la pénitence,** format in-12. Le cent . . . . . . 10 fr.

N° 226. **Le Sacré Cœur de Jésus invitant à la pénitence,** format in-8. Le cent . . . . 5 fr.

N° 227. **Le Sacré Cœur de Jésus invitant à la pénitence,** format in-32. Le cent . . . . . 2 fr. 50

N° 229. **Virgo Potens** (Notre-Dame du Globe), format in-18. Le cent . . . . 3 fr.

N° 230. **Virgo Potens** (Notre-Dame du Globe), format in-12. Le cent . . . . 10 fr.

La Sainte Face, avec litanies. Le cent . . . . 5 fr.

N° 1026. **Saint Vincent de Paul**, format grand in-8, avec médaillons représentant les sept œuvres de Miséricorde. Le cent. . . . . 15 fr.

* * *

N° 1077. **Dix compositions**, format in-32. Sujets de Notre-Seigneur, la sainte Vierge, Saints et Saintes avec texte. Le cent. . . . . 6 fr.

N° 1380. **Trois compositions**, format grand in-18. Les Etrennes du Saint Enfant Jésus. (*Sujets pour Noël.*) Le cent. . . . . 22 fr. 50

N° 1409. **Six compositions**, format grand in-32. Croix, fleurs avec devises pieuses. Le cent. . 11 fr.

N° 1438. **Six compositions** emblématiques, avec devises pieuses. Le cent. . . . . 5 fr.

N° 1441. **Dix compositions** emblématiques, avec devises pieuses. . . . . 5 fr.

N° 1442. **Six compositions**. Fleurs et emblèmes eucharistiques avec devises pour souvenir de première communion. Le cent. . . . . . . 10 fr.

N° 1517. **Six compositions**, format in-18. Croix et fleurs avec devises pieuses. Le cent . . . . 11 fr.

N° 1527. **Quatre compositions**, format in-18. Croix et fleurs, eau et montagnes. Le cent. . 13 fr. 50

N° 1538. **Quatre compositions**, format signet. Croix et fleurs avec devises pieuses. Le cent. . 7 fr.

N° 1546. **Trois compositions**, format grand in-18. Anges et Agneau, **Alleluia.** (*Sujets pour Pâques.*) Le cent . . . . 18 fr. 75

N° 1594. **Trois compositions**, format grand in-18. (*Sujets pour Noël.*) Le cent. . . . . 19 fr.

N° 1638. **Trois compositions**, format in-48. (*Sujets pour Noël.*) Le cent. . . . . 8 fr.

N° 1667. **Dix compositions**. La Très Sainte Mère de Dieu, les Leçons de Marie, Ste Marie Madeleine, S. François d'Assise recevant les stigmates et prêchant les oiseaux, la Mort de S. François Xavier, S. Sébastien, Ste Monique, S. Hubert, Geneviève de Brabant. Le cent. . . . . 5 fr.

N° 1672. **Quatre compositions**, format in-18. Croix et fleurs. Le cent . . . . 13 fr.

N° 1674. **Quatre compositions**, format grand in-18. Croix et fleurs. Le cent. . . . . 19 fr.

N° 1685. **Trois compositions**, format in-18. Fleurs et paysages de Terre-Sainte. . . . . 13 fr.

N° 1741. **Six compositions**. Fleurs et emblèmes eucharistiques avec devises pour souvenir de première communion. . . . . 10 fr.

N° 1747. **Dix compositions** emblématiques avec devises pieuses. Le cent. . . . . 5 fr.

N° 1774. **Six compositions**, format in-18. Fleurs et devises. Le cent . . . . 6 fr.

N° 1770. **Prière de l'Église pour le Saint Père.** Le cent . . . . 10 fr.

N° 1947. **Portrait de Notre Très Saint Père le pape Léon XIII.** Le cent. . . . . 15 fr.

N° 1845. **Quatre compositions**, format in-32. Fleurs en croix. Le cent. . . . . 8 fr. 75

N° 1850. **Trois compositions**, format in-18. Sujets pour Noël. Le cent. . . . . 12 fr.

N° 1989. **Trois compositions**, format in-8. Sujets mystiques . . . . 16 fr. 40

N° 2015. **Quatre compositions**, format in-18. Croix et fleurs avec étoiles. Le cent. . . . . . 9 fr. 75

N° 2018. **Trois compositions**, format in-18. Croix et fleurs. Le cent. . . . . 13 fr. 15

N° 2020. **Deux compositions**, format in-18. Croix et fleurs. Le cent . . . . 13 fr. 15

N° 2022. **Trois compositions**, format in-18. Croix et fleurs. Le cent . . . . 11 fr. 25

N° 2027. **Trois compositions**, format in-8. Croix et fleurs. Le cent. . . . . 13 fr. 15

FANTAISIE

N. B. — *Aucune des compositions formant les séries de ces différents numéros ne peut être vendue séparément.*

On ne livre jamais moins de 25 cartes du même numéro.

N° 1344. **Trois compositions**, format in-18. Hirondelles et fleurs. Le cent. . . . . 9 fr.

N° 1361. **Trois compositions**, format in-18. Oiseaux de basse-cour. Le cent. . . . . 14 fr. 50

N° 1374. **Trois compositions**, format in-18. Nos Enfants. Le cent. . . . . 13 fr. 50

N° 1382. **Trois compositions**, format in-12. Fleurs et paysages. Le cent. . . . . 21 fr.

N° 1401. **Trois compositions**, format in-18. Chats et Chiens. Le cent . . . . 21 fr.

N° 1403. **Trois compositions**, format in-18. Les Oiseaux de nuit (Hiboux). Le cent. . . . 14 fr. 50

N° 1417. **Quatre compositions**, format in-18. Têtes de femmes. Le cent. . . . . 17 fr.

N° 1433. **Quatre compositions**, format petit in-48. Paysages d'hiver. Le cent. . . . . 4 fr.

N° 1530. **Deux compositions**, format in-18. Jeunes Filles; Le Souvenir. Le cent. . . . . 21 fr.

N° 1531. **Deux compositions**, format in-18. Chaste amour. Le cent. . . . . 30 fr.

N° 1535. **Deux compositions**, format grand in-18. Fleurs, paysages et animaux. Le cent. . . 29 fr.

N° 1539. **Quatre compositions**, format grand in-18. Fleurs et paysages. Le cent. . . . . 15 fr.

N° 1544. **Deux compositions**, format in-8. Jeunes Filles; Bonne fête. Le cent. . . . . 39 fr.

N° 1551. **Deux compositions**, format in-18. Nos Chérubins. Le cent. . . . . 13 fr. 25

N° 1581. **Trois compositions**, format grand in-18. Paysages. Le cent. . . . . 18 fr.

N° 1585. **Quatre compositions**, format in-32 en largeur. Paysages. Le cent. . . . . 8 fr.

N° 1596. **Quatre compositions**, format in-18. Assiettes; Paysages. Le cent. . . . . 16 fr.

N° 1602. **Quatre compositions**, format in-18. Fleurs, Orchidées sur fond écusson. Le cent. . . . 13 fr.

N° 1628. **Six compositions**, format in-18. Jeunes danseuses de l'Opéra. Le cent.. . . . . 15 fr.

N° 1632 **Six compositions**, format in-48 en longueur. Paysages. Le cent. . . . . 5 fr.

N° 1639. **Six compositions**, format in-48 en largeur. Paysages et Marines. Le cent. . . . . 5 fr.

N° 1664. **Quatre compositions**, format in-32. Paysages. Le cent. . . . . 10 fr.

N° 1682. **Trois compositions**, format in-18 en largeur. Amours; Oiseaux: Fleurs. Le cent. . 16 fr.

N° 1687. **Quatre compositions**, format in-18. Déclarations enfantines, avec paysages. Le cent. 21 fr.

N° 1690. **Quatre compositions**, format grand in-18. Fleurs. Le cent.. . . . . 21 fr.

N° 1704. **Trois compositions**, format in-18 en largeur. Lapins, œufs et légumes. Le cent.. . 18 fr.

N° 1704ª. **Trois compositions**, format in-18 en largeur. Lapins, œufs et légumes. Le cent. . 8 fr.

N° 1706. **Trois compositions**, format in-32. Fleurs. Le cent. . . . . 7 fr.

N° 1767. **Quatre compositions**, format grand in-18 en largeur. Marines. Le cent. . . . . . . 12 fr.

N° 2024. **Trois compositions**, format in-18. Paysages de Terre-Sainte. Le cent. . . . . 11 fr. 25

N° 2051. **Trois compositions**, format in-18. Paysages. Le cent. . . . . 11 fr.

N° 2058. **Trois compositions**, format in-18. Chiens et Chats gaufrés. Le cent. . . . . 13 fr. 25

N° 2062. **Six compositions**, format in-48. Chiens et Chats. Le cent. . . . . 3 fr. 25

N° 2064. **Trois compositions**, format in-32. Chats. Le cent. . . . . 11 fr. 50

N° 2067. **Six compositions**, format in-18. Paysages. Le cent. . . . . 9 fr. 75

N° 2070. **Cinq compositions**, format in-32. Paysages d'hiver. Le cent. . . . . 5 fr. 25

N° 2072. **Six compositions**, format in-32. Paysages, eau et bois. Le cent.. . . . . 5 fr. 25

N° 2074. **Six compositions**, format in-32. Paysages dans la forêt. Le cent.. . . . . 5 fr. 25

N° 2076. **Trois compositions**, format in-32. Paysages d'hiver. Le cent. . . . . 5 fr. 25

N° 2078. **Trois compositions**, format in-32. Paysages. Le cent. . . . . 5 fr. 25

N° 2081. **Quatre compositions**, format in-18. Paysages et meubles de campagne. Le cent. . . 17 fr.

N° 2082. **Quatre compositions**, format in-48. Paysages d'automne. Le cent. . . . . 5 fr. 25

N° 2089. **Trois compositions**, format in-18. Fleurs. Le cent. . . . . 17 fr. 50

N° 2091. **Trois compositions**, format in-18. Fleurs. Le cent. . . . . 13 fr. 75

N° 2092. **Trois compositions**, format in-18. Fleurs et attributs gaufrés. Le cent.. . . . . 16 fr.

N° 2093. **Quatre compositions**, format in-18. Fleurs et Eglise. Le cent . . . . 16 fr.

N° 2094. **Quatre compositions**, format in-18. Eglise et fleurs découpées. Le cent. . . . . 27 fr.

N° 2140. **Six compositions**, format in-48. Oiseaux. Le cent . . . . 3 fr. 50

N° 2143. **Trois compositions**, format grand in-18, découpées en écran. Fleurs. Le cent.. . 15 fr. 25

N° 2144. **Trois compositions**, format in-18. Fleurs. Le cent.. . . . . 17 fr. 50

N° 2148. **Trois compositions**, format in-18; Fleurs et Paysages. Le cent. . . . . 11 fr. 25

N° 2149. **Trois compositions**, format in-18, coins relevés et gaufrés. Fleurs et Paysages. Le cent. 13 fr. 50

N° 2150. **Trois compositions**, format in-18. Fleurs. Le cent.. . . . . 11 fr. 25

N° 2152. **Trois compositions**, format in-18. Palettes et Fleurs. Le cent . . . . 9 fr. 50

N° 2153. **Même composition** que le n° 2152, format in-18, découpées en écaille, avec bords gaufrés. Le cent. . . . . 16 fr. 25

N° 2154. **Trois compositions**. Corbeilles et Fleurs. Le cent . . . . 9 fr. 50

N° 2156. **Trois compositions**, format in-8. Marines. Le cent . . . . 17 fr. 50

N° 2158. **Trois compositions**, format in-18. Paysages et Eglises. Le cent.. . . . . 17 fr. 50

N° 2160. **Trois compositions**, format in-18. Fleurs et Paysages. Le cent. . . . . 17 fr. 50

N° 2162. **Trois compositions**, format in-18. Fleurs et Paysages. Le cent. . . . . 17 fr. 50

N° 2163 **Trois compositions**, format in-18. Fleurs en cartouches. Le cent.. . . . . 17 fr. 50

N° 2169. **Trois compositions**, format in-18. Chiens savants. Le cent.. . . . . 11 fr. 25

N° 2175. **Quatre compositions**, format in-48, découpé en palettes. Fleurs et Paysages. Le cent. . . 5 fr.

N° 2176. **Trois compositions**, format in-18. Paysages et Fleurs. Le cent. . . . . 14 fr.

N° 2177. **Trois compositions**, format in-18. Fleurs avec cartouches en blanc. Le cent. . . . . 14 fr.

N° 2179. **Trois compositions**, format in-18. Oiseaux de nuit. Le cent. . . . . 11 fr. 25

N° 2181. **Quatre compositions**, format in-18. Paysages et Fleurs gaufrés. Le cent . . . . 19 fr. 50

N° 2183. **Quatre compositions**, format in-32. Fleurs. Le cent. . . . . 9 fr. 50

N° 2187. **Trois compositions**, format in-8. Paysages et ornements gaufrés. Le cent. . . . . 23 fr. 50

N° 2188. **Quatre compositions**, format in 18. Paysages et Instruments de musique gaufrés. Le cent. 15 fr.

N° 2189. **Quatre compositions**, format in-32. Paysages et Instruments de musique. Le cent. 12 fr. 75

N° 2191. **Quatre compositions**, format in-48. Vases et Fleurs. Le cent. . . . . 2 fr. 50

N° 2194. **Quatre compositions**, format in-48. Fleurs et Paysages. Le cent. . . . . 3 fr. 25

N° 2195. **Quatre compositions**, format in-48 découpé en rond. Fleurs et Paysages. Le cent.. . 4 fr. 50

N° 2197. **Quatre compositions**, format in-48. Fleurs. Le cent. . . . . 3 fr. 75

N° 2198. **Quatre compositions**, format in-48 découpé en étoile. Fleurs. Le cent. . . . . 6 fr. 25

N° 2199. **Quatre compositions**, format in-18. Paysages et eau. Le cent. . . . . 8 fr. 50

N° 2206. **Trois compositions**, format in-32. La Prière de l'enfant. Le cent. . . . . 8 fr.

N° 2218. **Trois compositions**, format in-48. Chiens savants. Le cent.. . . . . 4 fr. 25

N° 2223. **Trois compositions**, format in-18. Marines et Personnages. Le cent. . . . . 8 fr 50

N° 2225. **Trois compositions**, format in-18. Paysages. Les bords de la Marne. Le cent. . . . . 11 fr. 25

N° 2226. **Trois compositions**, format in-18. Marines. Le cent.. . . . . 11 fr. 25

Les cartes suivantes peuvent aussi servir pour correspondance et menu.

N° 1412. **Six compositions**, format grand in-18. Menus comiques; Gnomes et Cuisiniers. Le cent.. 14 fr.

N° 1413. **Six compositions**, format in-18. Menus. Le cent . . . . 10 fr.

N° 1423. **Trois compositions**, format in-18 en largeur. Les Vélocipédistes. Le cent. . . . . 26 fr.

N° 1444. **Six compositions**, format in-32. Menu pliant; Fleurs, Gibiers, etc. Le cent. . . . 15 fr.

N° 1751. **Quatre compositions**, format in-18 en largeur. Paysages. Le cent. . . . . 12 fr.

N° 1752. **Quatre compositions**, format in-18 en largeur. Caravanes égyptiennes Le cent. . . 13 fr.

N° 1753. **Quatre compositions**, format in-32 en largeur. Paysages. Le cent.. . . . . 12 fr.

N° 1754. **Quatre compositions**, format in-18 en largeur. Paysages d'hiver. Le cent. . . . . . 13 fr.

N° 1755. **Quatre compositions**, format in-18 en largeur. Paysages. Le cent.. . . . . 13 fr.

N° 1756. **Quatre compositions**, format in-18 en largeur. Marines. Le cent. . . . . 12 fr.

N° 1757. **Quatre compositions**, format in-18 en largeur. Emblèmes de chasse. Le cent. . . . 12 fr.

N° 1758. **Quatre compositions**, format in-18 en largeur. Poteries. Le cent. . . . . 13 fr.

N° 1760. **Quatre compositions**, format in-32 en largeur Fleurs. Le cent . . . . 12 fr.

N° 1761. **Quatre compositions**, format in-32 en largeur. Feuillages. Le cent. . . . . 12 fr.

N° 1762. **Quatre compositions**, format in-18 en largeur. Fleurs Le cent.. . . . . 12 fr.

N° 1763. **Quatre compositions**, format in-18 en largeur. Tasses, Carafes et Vases en faïence. Le cent . . . . 12 fr.

N° 1766 **Quatre compositions**, format in-18 en longueur. Paysages. Le cent.. . . . . 12 fr.

N° 1768. **Quatre compositions**, format in-18 en longueur. Paysages. Le cent . . . . 12 fr.

N° 1855. **Six compositions**, format in-48. Hirondelles. Le cent. . . . . 4 fr.

N° 1982. **Quatre compositions**, format in-32. Oiseaux. Le cent. . . . . 7 fr. 50

N° 2061. **Six compositions**, format in-18. Têtes de chiens et de chats. Le cent. . . . . . . 8 fr. 50

N° 2066. **Quatre compositions**, format in 32. Paysages. Le cent . . . . 6 fr. 50

N° 2139. **Six compositions**, format in-18. Oiseaux. Le cent. . . . . 8 fr. 50

N° 2146. **Trois compositions**, format in-32. Enfants et Chiens. Le cent . . . . 6 fr. 25

N° 2184. **Quatre compositions**, format in-18. Fleurs. Le cent. . . . . 8 fr. 50

N° 2190. **Quatre compositions**, format in-32. Vases et Fleurs. Le cent.. . . . . 3 fr. 75

N° 2193. **Quatre compositions**, format in-32. Fleurs et Paysages. Le cent. . . . . 6 fr. 50

N° 2196. **Quatre compositions**, format in-32. Fleurs. Le cent. . . . . 8 fr. 50

N° 2200. **Quatre compositions**, format in-32. Fleurs et paysages. Le cent. . . . . 8 fr. 50

N° 2202. **Quatre compositions**, format in-32. Paysages. Le cent. . . . . 8 fr. 50

N° 2216. **Quatre compositions**, format in-32. Marines. Le cent. . . . . 8 fr. 50

N° 2219. **Trois compositions**, format in-18. Chiens savants. Le cent. . . . . 8 fr. 50

CACHETS DE PREMIÈRE COMMUNION

N° 1. **Institution du Sacrement d'amour,** avec entourage, ornements et figures de l'Ancien et du Nouveau Testament. 32 cent. de haut, sur 23 de larg. Le cent. . . . . 35 fr.

N° 2. **Institution du divin Sacrement,** avec entourage gothique et figures de l'Ancien Testament. 29 cent. de haut, sur 18 de larg. Le cent. 30 fr.

N° 8. **Institution de la divine Eucharistie,** avec entourage emblématique. 28 cent. de haut, sur 20 de larg. Le cent. . . . . 30 fr.

N° 19. **Institution du Très Saint Sacrement,** avec entourage moyen âge. 30 cent. de haut, sur 17 de larg. Le cent. . . . . 35 fr.

N° 22B. **La Cérémonie de la Communion** pour filles et garçons, avec entourage gothique genre manuscrit. 21 cent. de haut, sur 13 de larg. Le cent. . . . . 20 fr.

N° 24. **Institution de la divine Eucharistie,** avec figures Ancien et Nouveau Testament, fond or, entourage genre moyen âge, ornements très riches. 35 cent. de haut, sur 23 de larg. Le cent. 35 fr.

N° 25. *Le même* que ci-dessus. 21 cent. de haut, sur 13 de larg. Le cent. . . . . 20 fr.

N° 26. **Institution de la Sainte Eucharistie,** avec Jésus bon Pasteur, entourage riche. 15 cent. de haut, sur 10 de larg. Le cent. . . . . . 16 fr.

N° 27. *Le même*. 24 cent de haut, sur 17 de larg. Le cent. . . . . 30 fr.

N° 28. **Institution du Très Auguste Sacrement,** avec entourage et ornements emblématiques. 25 cent. de haut, sur 18 de larg. Le cent. . . . . 25 fr.

N° 29. *Le même*, en grisaille, même format. Le cent. . . . . 20 fr.

N° 30. **Le Cœur eucharistique de Jésus,** avec entourage fleurs moyen âge et médaillons représentant Marie immaculée, saint Joseph, les emblèmes du sacrement de Baptême et de la Confirmation. Haut. 42 cent., larg. 28. Le cent. . . . 45 fr.

N° 31. *Le même*, en grisaille, même format. Le cent. . . . . 37 fr.

N° 32. **Institution de la Sainte Eucharistie,** avec entourage et ornements. 24 cent. de haut, sur 15 de larg. Le cent . . . . 30 fr.

N° 33. *Le même*. 20 cent. de haut, sur 11 de larg. Le cent. . . . . 16 fr.

N° 546R. **La Sainte Cène,** de Léonard de Vinci. Haut. 22 cent., larg. 16. Le cent. . . . . . 22 fr. 50

N° 617R. **La Sainte Cène,** de Léonard de Vinci, avec entourage très riche, figures eucharistiques. Haut. 39 cent., larg. 29. Le cent. . . . . . . 65 fr.

DIPLOMES

POUR CONGRÉGATIONS ET CONFRÉRIES

N° 1. **Consécration à la Sainte Vierge,** sous le titre d'*Enfant de Marie*, avec formule d'admission. Haut. 33 cent., larg. 20. Le cent. . . . 80 fr.

N° 2. **Consécration à Marie immaculée.** Haut. 24 cent., larg. 15. Le cent. . . . . . . 40 fr.

N° 3. **Consécration à Marie immaculée.** En larg. 20 sur 14. Le cent. . . . . 50 fr.

N° 4. **Tiers Ordre de Saint-François,** certificat de profession. En larg. 20 sur 14. Le cent. . 50 fr.

N° 5. **Associations ouvrières de la Sainte-Famille.** larg. 30 sur 24. Le cent. . . . . 75 fr.

CANONS D'AUTEL

N° 2. **Ornements pour deuil.** 39/28, 26/19. La pièce. . . . . 4 fr.

N° 3. **Genre gothique.** 47/34, 27/20. La pièce. 6 fr.

N° 500. **Genre moyen âge.** 40/27, 27/19. La p. 5 fr.

IMAGERIE RELIGIEUSE

GRAVURES POUR LIVRES

Nos	DÉSIGNATION DES SUJETS	Nos	DÉSIGNATION DES SUJETS
	IMAGES DENTELLES	349	Sainte Lucie, vierge.
	FORMAT IN-48	350	Saint Louis de Gonzague.
	Sans prière au verso, la douzaine. . . 50 cent.	351	Saint Antoine de Padoue.
	Avec prière au verso, la douzaine. . . . 55 cent.	352	Sainte Véronique et la Sainte Face.
	22 sujets différents sur Notre-Seigneur, la Très Sainte Vierge, saint Joseph, l'Ange gardien, Saints et Saintes.	353	Sainte Thérèse.
	FORMAT IN-32	354	Sainte Marguerite de Cortone.
	Sans prière au verso, la douzaine. . . 90 cent.	355	Sainte Christine, vierge et martyre.
	Avec prière au verso, la douzaine . . . 1 fr.	356	Saint Jean Népomucène.
207	Gloria in excelsis Deo (Noël).	357	Saint Grégoire le Grand.
304	Les Anges adorateurs devant le Très Saint-Sacrement A. M. D. G.	358	Saint François d'Assise.
311	Le Saint Enfant Jésus dans la crèche (Noël).	359	Saint François Xavier.
312	Le Saint Enfant Jésus dans l'hostie (Noël).	361	Saint Guillaume.
322	Sainte Geneviève.	362	Sainte Claire.
325	Le Sacré Cœur de Jésus.	363	Sainte Anne.
327	Discite a me quia mitis sum et humilis corde.	364	Saint François d'Assise et les saints protecteurs du Tiers Ordre.
328	Ego sum panis vitæ : qui venit ad me non esuriet.	366	Saint Louis de Gonzague.
329	Ad majorem Dei gloriam.	371	Accipite et comedite : hoc est corpus meum, quod pro vobis datur.
330	Memor sit Dominus omnis sacrificii tui.	372	Hoc est corpus meum.
331	Simon, amas me ? Pasce agnos meos, pasce oves meas.	373	Hic calix novum testamentum est in meo sanguine.
332	Qui manducat meam carnem et bibit meum sanguinem, in me manet et ego in illo.	374	Angelorum escâ nutrit Deus populum suum.
334	Je suis la Lumière du monde.	375	Sic Deus dilexit mundum !
335	Adorent eum omnes Angeli.	376	Flores mei fructus honoris et honestatis.
338	Calix meus inebrians, quam præclarus est !	377	La Sainte Communion.
339	Parasti in conspectu meo mensam, adversus eos qui tribulant me.	381	Je suis la Mère du bel amour.
342	Saint Théodore.	382	Beati immaculati in via, qui ambulant in lege Domini.
343	Saint Charles Borromée.	383	Hic est vere salvator mundi.
344	Sainte Angèle de Mérici.	384	Notre-Dame du Carmel.
345	Sainte Françoise Romaine (Veuve).	385	Pater meus, dux virginitatis meæ tu es.
346	Saint Augustin.	386	O quam pulchra est casta generatio cum claritate !
347	Saint Georges, martyr, patron des militaires.	387	Notre-Dame de Lourdes.
348	Sainte Rosalie, vierge et solitaire.	388	Le Seigneur l'a établi sur sa famille.
		389	Justus germinabit sicut lilium.
		390	Sub tuum præsidium confugimus, clementissima Virgo.
		391	Vitam præsta puram, iter para tutum.
		392	Dominus protector vitæ meæ.
		393	Quasi palma exaltata sum.
		395	Tout est accompli (Notre-Seigneur en croix).
		396	Pastor bonus.
		400	Notre-Dame du Saint-Rosaire.

Nos	DÉSIGNATION DES SUJETS
401	Dabo vobis coronam gloriæ.
402	Veni coronaberis.
403	Veni sponsa Christi accipe coronam quam tibi Dominus præparavit.
404	Beati, qui persecutionem patientur propter Justitiam.
406	Saint Joseph (intérieur de Nazareth).
420	Bethléem.
421	La Nuit de Noël.
430	La Communion de la sainte Vierge.
431	Beati qui ad cœnam nuptiarum agni vocati sunt. (Souvenir d'ordination.)
432	Unam petii a Domino hanc requiram : Ut inhabitem in Domo Domini omnibus diebus vitæ meæ. (Souvenir de prêtrise.)
433	Sanguis Jesu Christi emundat nos ab omni peccato.
434	Caro mea vere est cibus, et sanguis meus vere est potus.
435	Sacerdotes Domini sancti erunt Deo suo.
452	Visio S. Francisci.

GRAVURES NOIRES GRAND IN-8

Le cent. . . . . 15 fr.

Nos	DÉSIGNATION DES SUJETS
49	Je vous salue, Marie, pleine de grâces.
50	La Visitation de la très sainte Vierge.
83	Jésus bénissant les enfants.
114	Il m'a envoyé évangéliser les pauvres.
134	Saint Alphonse Marie de Liguori.
141	P. François Piccolomini, huitième général de la Compagnie de Jésus.
145	Sainte Geneviève.
158	Saint Georges.
198	Saint Étienne.
209	La Sainte Mission.
211	Saint Jean-Baptiste.
222	La Toussaint. Le Jour des morts.
223	Saint Uldalric.
226	La Vierge avec le divin Enfant Jésus.
230	Sainte Odile.
247	Sainte Sabine.
251	Saint Vincent de Paul.
252	Sainte Nothburge.
253	Saint Afre.
262	Saint Alphonse Marie de Liguori.
265	Sainte Agnès.
270	Celui qui vient à moi n'aura plus faim.
286	Saint Joseph.
296	L'Annonciation de la B. Vierge Marie.
302	Celui qui vient à moi n'aura plus faim.
315	Jésus en prière au jardin de Gethsémani.
316	Ils le trouvèrent dans le temple.
317	La Présentation de l'Enfant Jésus au temple.
330	Ils le crucifièrent.
335	L'Assomption de la sainte Vierge.
336	Les Trois rosaires de Marie.
346	Résurrection de Jésus.
351	Ils furent tous remplis du Saint-Esprit.
352	Saint Louis, roi de France.
360	Jésus couronné d'épines.
370	Saint Thomas.
373	Saint Barthélemi.
374	Saint Jacques le Mineur.
375	Saint Philippe.
377	Saint André.
378	Saint Jacques le Majeur.
379	Saint Pierre.
380	Saint Simon.
381	Saint Paul.
382	Saint Barnabé.
385	Saint Thadée.
386	Saint Mathias.
387	Saint Luc évangéliste.
388	Saint Matthieu.
389	Saint Marc
390	Sainte Mathilde.
393	Saint Jean l'Évangéliste.
397	Saint Louis de Gonzague.
409	Jésus-Christ.
410	Sainte Marie.
437	Saint Volfgang.
447	Vous êtes toute belle, il n'y a point de tache en vous.
456	Saints Méthode et Cyrille.
483	La Fille de Jaïre ressuscitée par Jésus.
492	Sainte Catherine de Sienne.
520	Hosanna au fils de David !
522	La Fleur du champ et le Lis de la vallée.
548	Le Bon Pasteur.
549	Saint Jean l'Évangéliste.
551	Saint Philippe de Néri.
552	Que tous les anges de Dieu l'adorent.
554	Tobie et l'Ange Raphaël.
557	Et, baissant la tête, il rendit l'esprit.
560	Tout dépend de la bénédiction de Dieu.
581	Saint Thomas d'Aquin.
585	Sainte Claire met en fuite les Sarrasins.
601	Saint Alban.
602	Saint Édouard.
611	Jésus chassant ceux qui vendaient dans le temple.
622	Le Bon Pasteur.
629	Les Noces de Cana.
632	Sainte Marie Madeleine.

Nos	DÉSIGNATION DES SUJETS
662	St Jean, évangéliste, et St Pierre, apôtre.
663	Saints Paul et Marc.
672	Sainte Mechtilde.
692	Saint Bennon, évêque.
693	Saint Constantin, empereur.
694	Sainte Agnès.
697	Le Salut matinal et l'Adieu du soir.
699	Sainte Barbe.
704	Sainte Marie-Madeleine de Pazzi.
707	La très sainte Vierge Marie et le Divin Enfant Jésus.
708	Sainte Catherine de Gênes.
710	La Fille de Jaïre ressuscitée par Jésus.
714	Les Sept douleurs de Marie.
718	Saint Camille de Lellis.
726	B. Jean-Baptiste de la Salle.
751	L'Enfant prodigue.
756	La Mère aimable.
762	Saint Vital.
770	Le Purgatoire.
773	La Mère de la divine grâce.
776	La Présentation de la très sainte Vierge au temple.
777	L'Annonciation.
778	L'Adoration du Sauveur nouveau-né.
779	Jésus croissait en sagesse, en âge et en grâce.
780	Les Noces de Cana.
783	Approchez vous tous qui voulez imiter votre Mère et votre Reine.
785	Vous êtes aimable dans vos délices, sainte Mère de Dieu.
788	Voilà l'homme !
790	Sainte Jeanne-Françoise de Chantal.
791	Saint Erendrude.
794	Sainte Anne.
796	Notre-Dame de Bon-Secours.
801	Notre Père, qui êtes aux cieux.
802	Que votre nom soit sanctifié.
803	Que votre règne arrive.
804	Que votre volonté soit faite.
805	Donnez-nous aujourd'hui notre pain quotidien.
806	Pardonnez-nous nos offenses.
807 *bis*	Ne nous induisez point en tentation.
807	Saint Nicolas.
808	Délivrez-nous du mal.
815	Saint François d'Assise.
816	Jésus-Christ.
817	Sainte Marie.
818	Saint Norbert, évêque.
820	Seigneur, vous savez que je vous aime.
835	Saint Othon, évêque.
838	Jean-Gabriel Perboyre, martyr.
839	Voilà l'homme !
841	Saint Pierre.
842	Saint Paul.
843	Saint André.
844	Saint Jacques le Majeur.
845	Saint Jean l'Évangéliste.
846	Saint Thomas.
847	Saint Philippe.
848	Saint Barthélemi.
849	Saint Mathieu.
850	Saint Simon.
852	Saint Mathias, apôtre.
853	Saint Ladislas.
864	Le Pontife de notre confession.
867	Saint Charles Borromée.
869	Saint Jean-François Régis.
875	Saint Jacques le Mineur.
876	Saint Marc.
877	Saint Barnabé.
878	Saint Luc.
879	Je me sanctifie pour eux.
881	Le Sceau du Saint Esprit.
882	Saint Augustin.
884	Jésus se faisant voir à sa sainte Mère.
889	Saint Ange gardien.
892	Voici que je me tiens à la porte.
900	Le Rosaire de la B. V. Marie.
917	Le Navire du salut.
918	La Paix soit avec nous.
935	Prépare ma voie.
936	B. Pierre Canisius.
937	Il est écrit de moi, ô mon Dieu ! que je ferai votre volonté.
939	Jésus au milieu des prémices des martyrs.
940	L'Enfant Jésus regardant Jérusalem.
941	D'où m'arrive-t-il que la Mère de mon Seigneur vienne vers moi ?
942	Saint Georges.
943	Saint Michel, archange,
944	Saint Fidèle de Sigmaringen M.
948	Jésus prend congé de sa très sainte Mère.
951	L'Espérance de l'Avent réalisée.
955	Jésus ressuscité apparait à Pierre.
956	Hosanna !
957	La Vierge aux Fleurs.
959	La Sainte Famille avant le repas.
960	Les Patrons de la jeunesse studieuse.
962	Je vous salue, Marie.
963	Je vous salue, Marie.
964	La Visitation de la sainte Vierge.
965	Le Secours des chrétiens.
966	Sainte Marie, Mère de Dieu, priez pour nous à l'heure de notre mort.

Nos	DÉSIGNATION DES SUJETS	Nos	DÉSIGNATION DES SUJETS
967	Les Patrons du sacerdoce catholique.	1080	La Mère admirable.
968	Saint Joseph, nourricier de Jésus-Christ.	1088	Voici la Servante du Seigneur.
972	Marie et Ève.	1131	Le Sauveur du monde. } Pendants.
973	Les Noces de l'Agneau.	1132	L'Immaculée Conception. } Pendants.
975	Les Fiançailles de sainte Catherine.	1133	Saint Jean de Dieu, fondateur de l'ordre des Frères de la Charité.
979	Saint Stanislas Kostka.		
989	Saint Ignace de Loyola.	1134	Sa Sainteté Léon XIII.
990	La Visitation.	1190	Le Trésor de l'Eglise.
992	La Nuit de Noël.	1191	Notre-Dame des Neiges.
995	Le Bon pasteur.	501 à 514	Le Chemin de la Croix (14 stations), format in-8, à . . . . 3 fr. 50
1025	Sainte Gertrude la Grande.		
1030	L'Annonciation.	921 à 934	Le Chemin de la Croix (14 stations), format in-8, à. . . . . 3 fr. 50
1048	Sainte Angèle de Mérici.		
1050	Saint Stanislas Kostka.	731 à 744	Le Chemin de la Croix (14 stations), format in-8, à . . . . 3 fr. 50
1052	Notre-Dame des Victoires.		
1057	B. Marguerite-Marie Alacoque.		Le Chemin de la Croix, format in-18, à 75 c.
1059	Saint Louis de Gonzague.		Le Chemin de la Croix, format 28/21 cm. à. . . . . 50 fr.
1060	Sainte Françoise Romaine.		
1061	B. Pierre Canisius.		Le Chemin de la Croix, format 40/31 cm. à. . . . . 100 fr.
1062	Saint Siméon prophétisant.		
1064	Jésus découvre son Saint Cœur à la B. Marguerite-Marie.		**La Sainte Cène**, d'après Leonardo da Vinci, gr. fol. (43 c. 1/2×21 1/2). Sur chine, avant la lettre. . . . 8 fr.
1065	Saint Jean Berchmans.		
1066	Saint Vincent de Paul.		**Sainte Marie aux Roses**, d'après E. Steinbs, gr. fol. (30 c. 1/2×22 1/2). Sur chine, avant la lettre. . . . 14 fr.
1073	Le Corps de Jésus est mis dans le sépulcre.		
1074	Les Trois Sacrés Cœurs.		
1075	La Vierge Immaculée.		*La Première Confirmation à Samaria, par les apôtres saint Pierre et saint Jean*, d'après Fuhrich, format 43/34 cm. Sur chine, avant la lettre . . . 20 fr.
1076	Sainte Marie des Anges.		
1077	Seigneur, demeurez avec nous.		
1079	B. Marguerite-Marie Alacoque.		

PHOTOGRAVURES

Nos d'ordre	DÉSIGNATION DES SUJETS	DIMENSIONS		PRIX par feuille
		HAUTEUR	LARGEUR	
515	**Ecce homo**.	32	22	1 25
516	**Mater Dolorosa**	31	21	1 25
519	**La Sainte Face**	33	23	1 25
522	**Consummatum est**	32	20	1 25
523	**Notre-Dame du Perpétuel Secours**.	33	23	1 25

LITHOGRAPHIES ARTISTIQUES

Toutes ces planches n'ont été tirées qu'à 200 exemplaires, savoir :

10 sur papier du Japon. — 50 sur papier de Hollande, 2 Chine. — 140 sur papier vélin, 1 Chine.

DÉSIGNATION	PEINTRES	LITHOGRAPHES	PRIX		
			SUR JAPON	SUR HOLLANDE	SUR VÉLIN
La Convention est forcée	E. Delacroix.	Sirouy.	100	60	30
Jésus sur le lac de Tibériade	»	»	100	60	30
Les Foscari	»	»	100	60	30
Le Bon Samaritain	A. Morot.	Jacott.	70	40	20
Excommunication de Robert le Pieux	J.-P. Laurens.	D'Harlingue.	100	60	30
Le Sphinx	Sirouy.	Sirouy.	70	40	20
La Malédiction	Echter.	Jacott.	100	60	30
Nymphe enlevée par un Satyre	Cabanel.	»	70	40	20
L'Hôtellerie de la Botte	Vinca.	Fraipont.	70	40	20
Le Pilote	Renouf.	Pirodon.	70	40	20
La Liseuse	Henner.	»	70	40	20
Fuite du roi Gradlon	Luminais.	»	70	40	20
La Noce juive	E. Delacroix.	»	100	60	30
L'Age de pierre	Cormon.	Mauron.	100	60	30
Bernard Palissy	Vetyer.	Thielley.	70	40	20
Chiens courants	Hermann Léon.	Pirodon.	70	40	20

Toutes ces planches ont été réduites en héliogravure (9 cent. sur 14), tirées sur papier format 22 cent. sur 30 et réunies dans un élégant album . . . . 15 fr.

LES SEPT PÉCHÉS CAPITAUX

Reproduction en lithographie, par Jacott, des sept grandes compositions exécutées par A. Yvon, d'après l'*Enfer* du Dante. 7 planches (63 cent. sur 90), avec titre et légendes explicatives, réunies dans un carton. 90 fr.

LE MÊME OUVRAGE, reproduit en *héliogravure*, tiré sur papier mesurant 22 cent. sur 31. 7 planches avec titres, réunies dans un carton. . . . . 10 fr.

ALBUMS DE LITHOGRAPHIES

PAR LES PEINTRES EUX-MÊMES

Compositions et reproductions par Abraham — Bernier — Barillot — Michel Bouquet — Cassagne — Chaplin — Paul Collin — Eug. Cicéri — Dardoize — Jules Didier — G. Dubufe — T. Faivre — Ad. Guillon — Guillemet — J. Laurens — Lhermitte — Sirouy — Trayer — Vayson — Emile Vernier — Ed. Yon — Zuber. 25 planches (40 cent. sur 57) dans un élégant carton. . . . . 30 fr.

DIPLOMES

Pour concours d'*Agriculture* — d'*Horticulture* — de *Musique* — de *Sapeurs-Pompiers* — d'*Instruction publique*, format 32 cent. sur 50. Chaque diplôme. . . . . 75 cent.

PHOTOGRAPHIES ARTISTIQUES

REPRODUCTIONS

DES MAITRES ANCIENS ET DES PRINCIPAUX ARTISTES MODERNES

Format extra,	90 × 120 cm.,	sur chine, pièce		62 fr. 50
— impérial,	66 × 85 cm.,	—	—	18 fr. 75
— royal,	46 × 61			15 fr.
— folio,	39 × 50			12 fr. 50
— salon,	40 × 16 : 26,	sur bristol très fort, noir		7 fr. 50
— boudoir,	28 × 13 : 20,	—	—	3 fr. 75
— cabinet,	11 × 17 cm.,	—	blanc	1 fr. 25

*Les lettres **E I R F C** indiquent les formats différents dans lesquels les photographies sont éditées* (Extra, Impérial, Royal, Folio, Boudoir, Cabinet).

Nos	DÉSIGNATION DES SUJETS
	RELIGIEUX
1ª	La Madone de Saint-Sixte (Raphaël) *E. I. F. C.*
11ª	Le Denier (Tizian). *I. F. C.*
20ª	Ecce homo (Guido Reni). *I. F. C.*
61ª	La Madone de Saint-Sixte (Raphaël). *E. I. F. C.*
63ª	La Nuit de Noël (Correggio). *E. I. F. C.*
65ª	Les Anges de la chapelle Sixtine. *E. I. F. C.*
106ª	La Belle Jardinière (Raphaël). *F. C.*
111ª	Mater dolorosa (C. Dolci). *I. F. C.*
112ª	Ecce homo (Guido Reni). *I. F. C.*
113ª	Madeleine pénitente. *I. F. C.*
114ª	Mater dolorosa (Guido Reni). *I. F. C.*
116ª	Madonna della Sedia (Raphaël). *E. I. F. C.*
118ª	Têtes d'anges. *E. I. F. C.*
119ª	L'Immaculée Conception. *E. I. F. C.*
154ª	La Sainte Cécile (Raphaël). *E. I. F. C.*
155ª	Saint Antoine de Padoue. *E. I. F. C.*
1[illegible]1ª	Madonna del Granduca (Raphaël). *I. F. C.*
187ª	Samuel. *I. F. C.*
188ª	L'Age de l'innocence. *I. F. C.*
189ª	Saint Antoine de Padoue (Murillo). *I. F. C.*
304	La Sainte Famille. *E. I. R. F. C.*
426	Le Crucifiement. *E. I. R. F. C.*
537	La Madone sur le trône. *I. R. F. C.*
538	Saint François d'Assise. *R. F. C.* } Pendants.
539	Sainte Élisabeth. *R. F. C.* }
562	La Nativité. *R. F. C.*
640	Ecce Agnus Dei. *I. R. F. C.*
641	Mater amabilis. *I. R. F. C.*
7[illegible]0	Mater Christi. *I. R. F. C.*
783	La Madone devant la grotte. *E. I. R. F. C.*
811	La Sainte Famille. *E. I. R. C.*
856	La Fille de Jaïre. *E. I. R. F. C.*
873	Sainte Véronique. *I. R. C.*
879	Ecce cor, quod mundum tantopere dilexit. *I. R. F. C.*
927	La Sainte Famille en Égypte. *R. F. C.*

Nos	DÉSIGNATION DES SUJETS
998	Ego dilecto meo, et ad me conversio ejus. *E. I. R. F. C.*
1096	La Madone et l'enfant. *I. F. C.*
1164	L'Immaculée Conception. *E. I. R. F. C.*
1212	La Nativité. *I. R. F. C.*
1250	Les saintes femmes au Sépulcre. *I. F. C.*
1346	L'Ascension. *E. I. F. C.*
1436	La très sainte Vierge Marie. *F. C.*
1446	Sainte Anne et la sainte Vierge. *I. R. F. C.* } Pendants.
1447	Saint Joseph et l'Enfant Jésus. *I. R. F. C.* }
1574	La Madone. *I. F. C.*
1589	La Nuit de Noël. *E. I. R. F. C.*
1618	L'Adoration des Mages. *E. I. R. F. C.*
1619	L'Étoile de Bethléem. *I. F. C.*
1631	L'Immaculée Conception. *I. F. C.*
1641	L'Annonciation. *I. F. C.*
1642	Adoration des bergers. *I. F. C.*
1647	Le Ressuscité. *E. I. F. C.*
1657	Madonna. *F. C.*
1673	La Madone (Papperitz). *I. F. C.*
1675	Les trois Marie au Saint Sépulcre. *I. F. C.*
1676	Anges annonçant la résurrection du Christ. *I. F. C.*
1698	Sainte Élisabeth et la sainte Vierge. *E. I. R. F. C.*
1709	La Mise au tombeau de Notre-Seigneur. *E. I. F. C.*
1710	Les Femmes au Saint Sépulcre. *E. I. F. C.*
1766	Le Christ en croix. *F. C.*
1771	La Madone. *F. C.*
1772	Laissez venir à moi les petits enfants. *F. C.*
1793	David. *I. F. C.*
1794	Sainte Cécile. *I. F. C.*
1795	Jésus et le IVe commandement. *F. C.* } Pendants.
1806	Sancta Maria Virgo. *F. C.* }

Nos	DÉSIGNATION DES SUJETS
1845	Le Christ et les disciples à Emmaüs (C. Muller). *E. I. F. C.*
1846	Saint Antoine de Padoue et sainte Gertrude (C. Müller). *E. I. F. C.*
1847	Sainte Élisabeth et saint Vincent de Paul (C. Müller). *E. I. F. C.*
1850	
1857	L'Enfant Jésus (F. Ittenbach). *H. F. C.*
1858	Saint Jean-Baptiste (F. Ittenbach). *F. C.*
1860	La Sainte Famille (F. Ittenbach). *I. R. F. C.*
1872	Venez à moi, vous qui travaillez et êtes accablés (A. Dietrich). *I. F. C.*
1903	L'Annonciation (A. M. von Oer). *H. F. C.*
1904	Naissance du Christ (A. M. von Oer). *H. F. C.*
	FANTAISIE
5	Messager d'amour. *R. C.*
6	Le Retour au logis. *R. C.*
25	Égyptienne. *E. I. R. C.*
26	Napolitain. *E. I. R. C.*
56a	Vestale. *E. I. F. C.*
61	Pêcheuse. *E. I. R. C.* } Pendants.
62	Bergère. *E. I. R. C.* } Pendants.
65	Portrait de la comtesse Potocka. *I. R. F. C.*
69	Odalisque. *E. I. R. C.*
80	Au crépuscule (Pendant du nº 219). *R. C.*
115a	Lavinia. *E. I. F. C.*
137a	Beatrice Cenci. *I. F. C.*
148A	Tête de jeune fille. *I. F. C.*
163	Cou-cou (Pendant du nº 206). *I. R. C.*
168a	La Bella di Tiziano. *E. I. F. C.*
175a	Vénitienne (Savoldo). *E. I. F. C.*
188	Vénitienne (Becker). *E. I. R. C.*
206	Il vient! (Pendant du nº 163.) *I. R. C.*
219	Reviens! (Pendant du nº 80.) *I. C.*
280	Le Goûter. *E. I R. C.*
408	Une femme de Chioggia. *I. R. C.*
447	Une couturière. *R. C.*
448	A l'église. *R. C.*
449	Une Madeleine. *R. C.*
450	Scène de sauvetage. *R. C.*
455	Le Frère sommelier (Pend. du nº 578). *I. R. C.*
462	Le Bienvenu. *I. R. C.*
479	La Séparation. *R. C.* } Pendants.
480	Au toit conjugal. *R. C.* } Pendants.
485	Un importun. *I. R. C.*
548	Piccolo (G. Richter). *R. C.* } Pendants.
549	Piccola (G. Richter). *R. C.* } Pendants.
576	La Petite Pepita. *I. R. C.*
578	Plaisir tranquille (Pendant du nº 455). *I. R. C.*
586	Près du lac. *I. R C.*
587	Le Maraudeur. *E. I. R. C.*
588	Bonheur maternel (G. Richter). *E. I. R. C.* } Pendants.
589	Joie paternelle (Id.). *E. I. R. C.* } Pendants.
612	Petite bohémienne. *E. I. R. C.*
617	Le Prince du village. *I. R. C.*
645	Les Frères (G. Richter). *E. I. R. C.*
657	Le Favori des enfants. *I. R. C.*
661	D'abord un baiser. *I. R. C.*
684	Ariane. *R. C.*
689	Dolorès. *I. R. C.*
690	La Joueuse de luth. *I. R. C.*
702	Achetez-moi un petit bouquet. *R. C.*
706	En route pour l'école. *C.* } Pendants.
707	Plus qu'une lieue. *C.* } Pendants.
712	Au bord de la mer. *I. R C.*
714	Le Dieu du vin. *I. R C.* } Pendants.
715	La Source. *I. R. C.* } Pendants.
716	Les Présents du fleuve. *I. R. C.* } Pendants.
717	Les Fruits de la chasse. *I. R. C.* } Pendants.
726	Première sortie de bébé (Kaulbach). *I. R. C.*
746	Femmes grecques. *C.*
776	Rêverie. *I. R. F. C.*
778	Marie Stuart et Riccio. *E. I. R. C.*
785	Marchande de lapins (P. du nº 1692). *I. R. C.*
812	Deux nouvelles victimes. *I. R. C.*
814	Héro. *I. R. F. C.*
821	Mandolinata. *I. R. C.*
844	Une audience chez Agrippa. *I. R. C.*
860	La Toilette (Pendant du nº 1745). *I. R. C.*
912	Rêverie. *I. R. F. C.*
934	A l'atelier. *I. F. C.*
935	Une pèlerine. *I. F. C.*
937	Dans les montagnes de Norwège (Pendant du nº 1156). *F. C.*
950	Drôle de chose (Vautier). *I. F. C.*
959	Servante des bains. *F. C.*
963	Hypocondre. *I. F. C.*
969	Fille du Spréewald. *I. F. C.*
970	Le Café (Becker). *I. F. C.*
971	Les Connaisseurs (P. du nº 1321). *E. I. F. C.*
988	Près des crécerelles. *I. F. C.*
995	Confidence. *F. C.*
1000	Le Premier profit. *I. F. C.*
1024	Italienne à l'église. *I. F. C.*
1058	La Confession. *I. F. C.*
1060	Idylle dans la petite Russie. *F. C.*
1075	Mon bijou. *F. C.*
1100	Sagesse de Salomon. *E. I. F. C.*
1101	Une visite importune. *I. F. C.*
1107	L'Automne. *F. C.* } Pendants.
1108	L'Hiver. *F. C.* } Pendants.
1113	Fille de Thèbes. *I. F. C.*
1122	Enlèvement d'Hélène. *E. I. F. C.*
1126	La Montée. *F. C* } Pendants.
1127	La Descente. *F. C.* } Pendants.
1141	Un salut. *F. C.*
1140	Fille fellah. *I. F. C.*
1152	Feu follet. *I. F. C.*
1156	Un Enfant de la nature (Pendant du nº 937). *I. F. C.*
1158	Souvenir de Venise. *I. F. C.*
1166	Un trio. *I. F. C.*
1168	Tête d'étude (Becker). *I. F. C.*
1169	Tête d'étude. *I. F. C.*

Nos	DÉSIGNATION DES SUJETS
1189	Une amusante histoire. *I. F. C.* } Pendants.
1190	Vieux amis. *I. F. C.* }
1195	Observations artistiques (Pend. du n° 1395). *I. F. C.*
1202	Attente. *I. F. C.*
1203	Tête d'étude *F. C.*
1209	Sapho. *I. F. C.*
1213	A la glissoire. *I. F. C.*
1214	Elle et lui. *I. F. C.*
1220	Petite maman. *I. F. C.*
1221	L'Étude en danger. *I. F. C.*
1222	D'abord un petit baiser (Pendant du n° 1249.) *I. F. C.*
1223	En passant. *F. C.*
1229	Jeune Grecque. *I. F. C.*
1235	Rêverie. *F. C.*
1236	Qui se taquine. *I. F. C.*
1237	Pêcheuse (Pendant du n° 1420). *I. F. C.*
1249	Petit frère dort (Pend. du n° 1222). *I. F. C.*
1262	Plans de voyage. *I. F. C.*
1272	En retard pour l'église. *I. F. C.*
1273	L'Hiver. *I. F. C.*
1274	Légende des Alpes. *I. F. C.*
1283	Le Salut du chasseur. *F. C.*
1292	Agréable message. *I. F. C.*
1294	Ave Maria. *F. C.*
1297	Une tentation. *F. C.*
1299	Porteuse d'eau. *I. F. C.*
1305	Rêverie. *F. C.*
1307	Demande en mariage (Pendant du n° 1443). *I. F. C.*
1315	Bouquetière sicilienne. *I. F. C.*
1321	Un trio au couvent (Pend. du n° 971). *I. F. C.*
1366	Mise à la porte. *F. C.*
1375	Tendresse maternelle. *I. F. C.*
1377	Bouderie de l'amant. *I. F. C.*
1378	Ave Maria. *E. I. F. C.*
1382	Un secret. *I. F. C.*
1384	Recours en grâce près du Doge. *E. I. F. C.*
1386	Pompéienne. *I. F. C.*
1389	Supportons ce que le sort nous envoie. *F. C.*
1393	Le Buste du Nabab (Pend. du n° 1195). *I. F. C.*
1404	Cetheris. *I. F. C.*
1416	Une averse au salon. *F. C.*
1418	Petit frère et petite sœur. *F. C.*
1419	Attente impatiente. *I. F. C.*
1420	Vachère norwégienne. (Pendant du n° 1237.) *I. F. C.*
1431	En embuscade. *E. I. F. C.*
1439	Niente da fare. *I. F. C.*
1441	Faveur fugitive. *F. C.*
1442	Lettre d'amour. (Pend. du n° 1728.) *I. F. C.*
1443	N'y pensons plus. (Pend. du n° 1307.) *I. F. C.*
1450	Tête d'étude. *F. C.*
1467	Une idylle dans la Thébaïde. *F. C.*
1484	Sur la plage. (Pendant du n° 1495.) *F. C.*
1485	Rendez-vous. *I. F. C.*
1486	Forêt de pins en Russie. *F. C.*
1489	Feuilles fanées. *F. C.*
1495	Sur la digue (Pendant du n° 1484). *I. F. C.*
1503	Primevères. *I. F. C.*
1518	Le Matin du jour de naissance. *I. F. C.*
1527	L'Air (Course de Valkirie). *I. F. C.* } Pendants.
1528	Le Feu (Wotan prenant congé de Brunnhild). *E. I. F. C.* }
1531	Con amore (Pendant du n° 1587). *I. F. C.*
1544	Favorite. *I. F. C.*
1587	Protection sûre (Pend. du n° 1531). *I. F. C.*
1594	La Chanson de l'esclave. *I. F. C.*
1597	Petites fleurs de la lande. *F. C.*
1598	Au printemps. *F. C.*
1601	Une lettre de lui. *F. C.*
1621	Un grillon au foyer. *F. C.*
1634	Le Petit Chaperon rouge. *I. F. C.*
1639	A ta santé. *I. F. C.*
1640	Répétition musicale. *I. F. C.*
1649	A la source. *I. F. C.*
1650	Sur la dune. *I. F. C.*
1653	Le Caricaturiste. *F. C.*
1654	Un petit intermède. *I. F. C.*
1656	Message d'amour (Sichel). *I. F. C.*
1662	Tendresse maternelle. *F. C.*
1663	Première sortie de bébé. *F. C.*
1666	Esclave égyptienne. *I. F. C.*
1679	Nouvelle Vénitienne. *I. F. C.*
1680	Application. *I. F. C.* } Pendants.
1681	Avaries. *I. F. C.* }
1683	Cendrillon. *I. F. C.*
1690	Les Contes. *I. F. C.* } Pendants.
1691	Les Commentaires. *I. F. C.* }
1692	Le Petit agneau blessé (P. du n° 785). *I. F. C.*
1693	La Sieste. *I. F. C.*
1696	En été (Pendant au n° 1598). *F. C.*
1711	Je peux attendre. *F. C.*
1716	Reine de Bohémiens. *I. F. C.*
1717	Une bayadère (Sichel). *I. F. C.*
1718	Dame du harem. *F. C.*
1719	Une fille du roi d'Égypte (Sichel). *I. F. C.*
1721	Bianchina. *F. C.*
1725	Odalisque (Sichel). *F. C.*
1728	La Toilette (Pendant du n° 1442). *F. C.*
1730	Jeune liseuse. *F. C.* } Pendants.
1731	A l'étude. *F. C.* }
1732	Le Pardon. *F. C.*
1745	Le Matin (Pendant du n° 860). *F. C.*
1749	La Fenêtre de la mansarde (Meyer von Bremen). *F. C.*
1750	La Petite maman. *F. C.*
1752	Jeune paysanne. *F. C.*
1753	Jeune Styrienne. *F. C.*
1757	Madeleine pénitente. *I. R. F. C.* } Pendants.
1758	Mignon. *I. R. C. F.* }
1764	Lydia. *F. C.*
1775	L'Expulsée. *F. C.*
1777	Adagio. *E. I. F. C.*
1778	Mariuccia. *F. C.*
1800	Sic transit gloria mundi. *F. C.*
1803	A l'exemple des dieux. *I. F. C.*

Nos	DÉSIGNATION DES SUJETS
1804	Dolce farniente. *F. C.*
1805	Un moment de repos. *F. C.*
1810	Le Père ne revient pas. *F. C.*
1812	Le Matin. *I. F. C.*
1813	Après la messe. *I. F. C.*
1814	Mon bijou. *I. F. C.*
1818	Petite grand'maman (J. Günther). *F. C.*
1825	Retour de la chasse à l'ours (A. V. Wierusz-Kowalski). *I. F. C.*
1826	Un pesant fardeau (F. Morgan). *I. F. C.*
1827	Un doux pensez à moi (F. Morgan). *H. F. C.*
1833	Yum-Yum (N. Sichel). *E. I. F. C.*
1842	Mignon (N. Sichel). *I. F. C.*
1848	Le Cornet de dragées (A. Dieffenbach). *H. F. C.*
1849	Véronique (P. Meyerheim). *I. F. C.*
1851	Le Rêve amoureux (F. Lefter). *I. F. C.*
1853	Fatma (N. Sichel). *I. F. C.*
1854	Jeune Fellah et son enfant (N. Sichel). *I. F. C.*
1865	La Miniature (I. Haynes Williams). *H. F. C.*
1868	Pour les adieux (C. Grosch). *I. F. C.*
1869	Le Carnaval à Rome (A. Treidler). *H. F. C.*
1878	Le Premier tricotage (I. Guenther). *F. C.*
1879	Le Petit acrobate (H. Hirth du Frênes). *F. C.*
1883	Méditative (G. Max). *F. C.*
1884	Une vestale (G. Max). *F. C.*
1885	Une visite au couvent (H. Kaulbach). *F. C.*
1886	Fugitif rattrapé (H. Schwenzen). *H. F. C.*
1887	Jeune peintre et son modèle (L. Knaus). *I. F. C.*
1897	Les Troubadours (Ch. Heyden). *F. C.*
1902	Jeune fille bulgare (K. Dielitz). *F. C.*
1905	Rosina (E. von Blaas). *I. F. C.*
	GROUPES D'ANIMAUX
45	Cerfs en fuite. *I. R. F. C.*
713	Chevreuils en hiver. *R. C.*
954	Dans la cour du château. *I. F. C.*
956	Sangliers. *I. F. C.*
957	Cerf douze-cors. *I. F. C.*
958	Menu gibier. *I. F. C.*
1036	Carlin. *F. C.*
1119	Paysage d'automne et gros gibier. *I. F. C.*
1198	Avant la lutte. *I. F. C.*
1199	Le Vainqueur. *I. F. C.*
1200	Sanglier se mettant en garde. *F. C.*
1312	Cerf. *I. F. C.*
1417	A travers les épouvantails. *E. I. F. C.*
1454	Cerf. *I. F. C.*
1455	Chien d'arrêt et chien couchant. *I. F. C.*
1465	Chevreuils en fuite. *I. F. C.*
1526	Attention, Médor! *I. F. C.*
1553	Le Cerf est tué. *I. F. C.*
1591	Une alerte. *I. F. C.*
1592	Chevreuils au pâturage. *I. F. C.*
1595	Au point du jour. *I. F. C.*
1596	Le Soir. *I. F. C.*
1604	Cerf criant. *I. F. C.*
1609	En automne. *I. F. C.*
1643	Rencontre dangereuse. *I. F. C.*
1644	La Fin d'une lutte. *I. F. C.*
1670	Dans le bois. *I. F. C.*
1674	Mort. *I. F. C.*
1677	Lutte d'un sanglier contre des chiens. *I. F. C.*
1686	A travers la ligne des tireurs. *E. I. F. C.*
1694	Famille de renards. *I. F. C.*
1695	Chasse au sanglier. *I. F. C.*
1706	Une bonne chasse. *F. C.*
1726	Le Seigneur de l'endroit. *I. F. C.*
1767	En position. *I. F. C.*
1768	Gros gibier un soir d'automne. *I. F. C.*
1824	Vautour et chamois (H.-V. Klenze). *I. F. C.*
1828	Familiarité dangereuse (I. Yates Carrington). *H. F. C.*
1829	Cerf donnant l'alarme (C. Zimmerman). *I. F. C.*
1890	Combat de sangliers (C. F. Deiker). *I. F. C.*
	CHEVAUX ET COURSES
14	Steeple-chase. *E. I. R. C.*
159	Promenade à cheval. *R. C.*
633	Hallali. *I. R. C.*
635	Poulain mort. *R. C.*
642	Battu d'une tête. *E. I. R. C.*
769	Avant la course. *R. F. C.*
898	Jument et son poulain. *R. F. C.*
924	Il vient! *I. F. C.*
991	Stage-coach. *I. F. C.*
1088	Etalons dans l'enclos. *F. C.*
1110	Après la chasse. *C.*
1112	Ça fait du bien. *C.*
1187	Chasse à courre. *I. F. C.*
1261	Faux départ. *I. F. C.*
1313	Tête de cheval blanc. *I. F. C.*
1314	Tête de cheval bai. *I. F. C.*
1328	Portrait de cheval. *F. C.*
1338	Au mur. *F. C.*
1361	La Première victoire. *I. F. C.*
1423	A l'abreuvoir. *F. C.*
1424	Critique mordante. *F. C.*
1425	Poulain malade. *F. C.*
1432	Jument et son poulain au pâturage. *F. C.*
1481	Le Vainqueur du Grand Prix. *I. F. C.*
	PAYSAGES
155	Paysage. *I. R. F. C.*
422	Jour d'été. *I. R. C.*
423	A l'aube. *I. R. C.*
436	Paysage au clair de lune. *I. R. C.*
489	Cataracte norwégienne. *R. C.*
859	Inondation. *I. R. F. C.*
960	Troupeau de moutons. *F. C.*
1285	Paysage d'hiver en Thuringe. *F. C.*
1301	Ostende. *F. C.*
1303	Paysage de l'Eifel par un orage. *F. C.*

Nos	DÉSIGNATION DES SUJETS
1308	Lac d'une forêt norwégienne. *I. F. C.*
1317	Le Crépuscule à la mer Morte. *I. F. C.*
1391	Partie de traîneau en Lithuanie. *I. F. C.*
1392	Départ pour la chasse au sanglier. *I. F. C.*
1398	Départ pour la chasse. *I. F. C.*
1452	Chaumière près du lac. *I. F. C.*
1487	Fin de l'automne. *F. C.*
1488	Nature morte dans la forêt. *F. C.*
1492	Une chaumière après un orage. *I. F. C.*
1493	Paysage d'hiver. *I. F. C.*
1534	Échouement sur une côte rocheuse du Nord. *I. F. C.*
1545	Hamlet. *I. F. C.*
1559	Solitude de la forêt. *I. F. C.*
1568	Chaumière de garde-chasse. *I. F. C.*
1571	Côtes de Northumberland. *I. F. C.*
1572	La Rade de Dieppe. *I. F. C.*
1573	Côtes de Gênes. *I. F. C.*
1622	Vue de Cumes. *I. F. C.*
1623	Un jour de novembre. *I. F. C.*
1626	Côte irlandaise. *I. F. C.*
1627	Macbeth. *I. F. C.*
1648	Au bord du lac Müggel. *I. F. C.*
1699	Corvette en bonnette par une mer calme. *I. F. C.*
1715	Paysage au clair de lune. *I. F. C.*
1784	Un soir au bord du Nil. *F. C.*
1792	A travers les steppes. *I. F. C.*
1799	Moulin dans l'Eifel (Schultze). *I. F. C.*
1822	Paysage d'avril (Scherres). *I. F. C.*
1852	Le Parc de Versailles (F. V. Schennis). *F. C.*

SUJETS MYTHOLOGIQUES

Nos	DÉSIGNATION DES SUJETS
89a	Vénus montre Psyché à Cupidon (Raphaël). *F. C.*
90a	Cupidon demande leur appui aux Grâces (Raphaël). *F. C.*
91a	Vénus raconte ses chagrins à Junon et à Cérès (Raphaël). *F. C.*
92a	Vénus montant chez Jupiter (Raphaël). *F. C.*
93a	Vénus demandant l'anéantissement de Psyché (Raphaël). *F. C.*
94a	Mercure envoyé à la recherche de Psyché (Raphaël). *F. C.*
95a	Psyché portée à Vénus (Raphaël). *F. C.*
96a	Psyché et Vénus (Raphaël). *F. C.*
97a	Cupidon gagnant les bonnes grâces de Jupiter (Raphaël). *F. C.*
98a	Mercure conduisant Psyché à l'Olympe. *F. C.*
99a	Vénus et Cupidon devant Jupiter (Raphaël). *F. C.*
100a	Banquet des dieux dans l'Olympe (Raphaël). *F. C.*
117a	Aurora *E. I. F. C.*
1632	Sapho et ses compagnes (von Hafften). *I. F. C.*
1889	Pausias et sa bouquetière (W. Kray). *I. F. C.*

SUJETS HISTORIQUES ET DIVERS

Nos	DÉSIGNATION DES SUJETS
1	Concert de Frédéric le Grand. *E. I. R. F. C.*
168	Mozart et Beethoven. *I. R. C.*
241	Un conférencier à Chiogga. *I. R. C.*
271	Beethoven et le Quatuor Rasumowsky. *I. R. C.*
334	Fandango. *I. R. F. C.*
410	Les Juifs emmenés en captivité à Babylone. *E. I. R. F. C.*
445	Jeunes filles d'Ampezza. *R. C.*
490	Derniers jours de Mozart. *E. I. R. C.*
495	Wallenstein se rendant à Eger. *E. I. R. C.*
561	Gœthe à Sesenheim. *I. R. C.*
616	Le Choix des cassettes. *I. R. C.*
644	Le Festin de Platon. *E. I. F. C.*
658	Julia Capulet. *E. I. R. C.*
665	Une procession à Venise. *E. I. R.*
734	Cromwell au Whitehall. (Pend. du n° 1473). *E. I. R. F. C.*
740	Prière du matin chez Séb. Bach. *E. I. R. C.*
758	Entrée de Flore. *E. I. R. C.*
781	Van Dyck peint les enfants de Charles Ier. *E. I. R. C.*
810	Mise à contribution d'un cloître. *I. R. C.*
833	Le Tasse et les deux Éléonore. *I. R. C.*
839	A une époque de grande détresse. *I. R. F. C.*
947	Goetz de Berlichingen. *I. F. C.*
975	Bienvenus. *I. F. C.*
1142	Les Torches vivantes de Néron. *E. I. F. C.*
1144	Dîner en l'honneur de Mozart. *I. F. C.*
1197	Girondins conduits à l'échafaud. *E. I. F. C.*
1252	Othello raconte ses aventures. *E. I. F. C.*
1304	Cavaliers de Cromwell. *F. C.*
1321	Mozart et sa sœur devant Marie-Thérèse. *I. F. C.*
1331	Réunion de fumeuses troublée. *F. C.*
1332	Après le dîner. *F. C.*
1333	Pénélope. *I. F. C.*
1337	Créuse. *I. F. C.*
1342	Sapho. *E. I. F. C.*
1359	Le Rocher de Tibère à Caprée. *I. F. C.*
1437	Le Premier soin. *F. C.*
1438	Les Amoureux. *F. C.*
1461	Scène tirée des *Femmes joyeuses*, de Windsor. *E. I. F. C.*
1473	Olivier Cromwell visite John Milton. (Pendant du n° 734). *E. I. F. C.*
1474	Hamlet et les Comédiens. *E. I. F. C.*
1490	Roméo et Juliette. *E. I. F. C.*
1501	Le Grillon. *I. F. C.*
1502	Les Tentations du chat. *I. F. C.*
1514	Le Livre d'histoires. *I. F. C.*
1564	Nuit d'été dans l'ancienne Pompéi. *I. F. C.*
1575	Le Carnaval chez le doge de Venise. *E. I. F. C.*
1580	Le Grand électeur à la Hague. *I. F. C.*
1603	Une vieille histoire. *R. F. C.*
1607	Une question. *I. F. C.*

N°s	DÉSIGNATION DES SUJETS
1658	Promenade matinale de la princesse. *E. I. F. C.*
1672	Une lecture d'Homère. *E. I. F. C.*
1678	Othello se défendant devant le doge. *E. I. F. C.*
1736	Promenade en bateau d'une dame arabe. *I. F. C.*
1763	Écrivain public à Tunis. *I. F. C.*
1797	A l'exemple des dieux. *I. F. C.*
1811	Frons animi interpres. *I. F. C.*
	SUJETS DE GENRE
117	Petits Savoyards en voyage. *R. C.*
216	Un enterrement à la campagne. *E. I. R. C.*
240	Grande inquiétude. *E. I. R. C.*
348	Salle de danse dans un village souabe. *E. I. R. C.*
353	Chez l'avocat. *E. I. R. C.*
466	Chanteurs ambulants. *E. I. R. C.*
474	Dans la cave du couvent. *E. I. R. C.*
542	Au catéchisme. *E. I. R. C.*
572	Au lit de la malade. *E. I. R. C.*
584	Compartiment de 1re classe (Pendant du n° 749). *I. R C.*
610	Danses d'automne. *E. I. R. C.*
611	Les Frères. *E. I. R. C.*
627	Latin de chasseur (P. du n° 650). *E. I. R C.*
647	Apprentis cordonniers jouant aux cartes. *E. I. R. C.*
648	Admonestation sacerdotale. *E. I. R. C.*
650	Un choix embarrassant (Pend. du n° 627). *E. I. R. C.*
741	Départ de la maison paternelle (Pendant du n° 916). *E. I. R. C.*
749	Compartiment de 3e classe (Pendant du n° 584). *I. R. C.*
798	Première leçon de danse. *E. I. R. F. C.*
800	La Chasse à la fortune. *E. I. R. F. C.*
824	Un pensionnat de demoiselles (Pendant du n° 1408). *I. R. C.*
834	Les Petits gazouillent comme les vieux ont chanté. *E. I. R. F. C.*
865	L'Espoir de la patrie. *I. R. F. C.*
874	Une rencontre sur mer. *E. I. R. F. C.*
885	Payez d'abord. *I. R. F C.*
888	Voilà une belle affaire ! *R. F. C.*
890	En été. *F. C.*
902	Une alarme au pensionnat. *E. I. R. F. C.*
916	Avant le mariage, contrat civil (Pendant du n° 741). *E. I. R. F. C.*
1044	Trop tard (Pendant du n° 1334). *I. F. C.*

N°s	DÉSIGNATION DES SUJETS
1045	Un soir dans les montagnes de Norwège. *F. C.*
1052	Entre le vice et la vertu. *I. F. C.*
1071	Une pause à la danse. *E. I. F. C.*
1134	Un jouet des vagues. *I. F. C.*
1173	Ouverture du testament. *I. F. C.*
1175	Le Cousin. *E. I. F. C.*
1178	Sur la montagne. *I. F. C.*
1181	Une victime de la mer. *I. F. C.*
1188	Arrivée des âmes au Purgatoire. *I. F. C.*
1193	Le Jour du Seigneur. *F. C.*
1248	L'Extrême-Onction. *I. F. C.*
1258	Une surprise. *F. C.*
1317	La Sieste au couvent. *E. I. F. C.*
1320	Chez le barbier. *I. F. C.*
1330	La Quête à l'église. *F. C.*
1334	Observations critiques (Pend. au n° 1044). *I. F. C.*
1352	Les Vierges sages et les Vierges folles. *E. I. F. C.*
1357	Une nuit de printemps. *I. F. C.*
1376	Attraction féminine (P. du n° 1409). *I. F. C.*
1407	Le Valet de pique. *E. I. F. C.*
1408	Pensionnat de dames sur la glace (Pendant du n° 824). *E. I. F. C.*
1409	Bateau de foin (Norwège occidentale) (Pendant du n° 1376). *I. F. C.*
1426	Une place vide. *I. F. C.*
14 7	Il faut payer la douane. *I. F. C.*
1468	Un petit différend. *F. C.*
1497	La Toilette du matin. *I. F. C.*
1499	Chasse aux poules des champs. *I. F. C.*
1515	Rencontre dans la forêt. *F. C.*
1540	Chez le forestier. *F. C.*
1552	Deux familles. *F. C.*
1562	A Ischia. *I. F. C.*
1600	La Sorcière du village. *E. I. F. C.*
1708	La Veille de la Saint-Jean à Cologne. *I. F. C.*
1773	Les Frères ennemis (groupe de chiens). *F. C.*
1774	Une scène de printemps. *F. C.*
1809	Amour et Psyché. *I. F. C.*
1820	Piste perdue (J. von Chelminski). *I. F. C.*
1821	Une après-midi au Hyde-Parck (J. von Chelminsky). *E. I. F. C.*
1838	San Remo (C. V. Hafften). *I. F. C.*
1891	Le Printemps (G. von Maffei). *I. F. C.*
1892	L'Été (G. von Maffei). *I. F. C.*
1893	L'Automne (G. von Maffei). *I. F. C.*
1894	L'Hiver (G. von Maffei). *I. F. C.*
1896	Arrivée des invités (A. V. Wierusz-Koyalski).

N° 512A. **Portraits officiels des Souverains Pontifes**, depuis saint Pierre jusqu'à Léon XIII, d'après les 263 médaillons en mosaïque de Saint-Paul-hors-les-Murs à Rome. Format 42 × 30 cm., sur bristol 64 × 49 cm. La pièce . . . . 3 fr. »

N° 513A. *La même feuille*, format 25 × 16 cm., sur bristol 41 × 32 cm. . . . . 1 fr. 50

N° 535. **Souvenir du Jubilé sacerdotal** de Notre Saint Père le pape Léon XIII, avec le portrait-buste du Saint-Père. Format 35 × 46 cm. . . . . 1 fr. 20

N° 262. **Portrait de Notre Saint Père Léon XIII**. Format carte-visite, avec prière au verso. Le cent. 12 fr. »

PHOTOTYPIES

FORMAT VISITE. Le cent : 25 fr. — FORMAT IN-4°. Le cent : 75 fr.

Nos	DÉSIGNATION DES SUJETS	Nos	DÉSIGNATION DES SUJETS
1	Sanctissimum cor Jesu.	43	Sancta Nox.
2	Immaculatum cor B. V. Mariæ.	44	Virgines prudentes et virgines fatuæ.
3	Auxilium B. V. Mariæ.	45	Sta Theresia cum apparitione Jesu.
4	Saint Joseph.	46	S. Franciscus Xaverius.
5	Maria, Regina SS. Rosarii.	47	Sta Maria, patrona ordinis s. Benedicti.
6	Sta Francisca de Chantal, s. Franciscus de Sales et B. Margarita Alacoque.	48	S. Benedictus, s. Maurus, s. Placidus.
		49	Sta Maria, Regina monachorum.
7	S. Aloysius Gonzaga.	50	Maria Mater Dei de sanctissimo corde Jesu.
8	S. Stanislaus Kostka.	51	S. Franciscus Seraphicus in Silva.
9	S. Antonius de Padua.	52	S. Joannes de Cruce.
10	Sta Clara de Assisio.	53	Sta Theresia de Jesu.
11	Apparition du S. Enfant Jésus à Ste Thérèse.	54	Ultimum colloquium sti Benedicti cum sta Scholastica.
12	S. Franciscus Seraphicus cum apparitione Jesu.	55	Sta Clara fit monalis.
13	Maria solatium nostrum.	56	Mors sti Francisci Seraphici.
14	S. Franciscus Seraphicus cum regula.	57	S. Joannes Nepomucenus.
15	Sta Theresia in ecclesia Carmelitarum Ratisbonensi.	58	S. Bernardus.
		59	Sta Maria, Rosa mystica.
16	Mater admirabilis.	60	Jesus parvulorum amator.
17	Stæ Catharinæ translatio in Sinai.	61	Jesus Magdalenæ apparet matutino paschali.
18	Sta Maria, patrona Bavariæ.	62	Sta Elisabeth, patrona tertii ordinis.
19	S. Bonifacius, s. Carolus Magnus, s. Petrus Canisius, s. Henricus, sta Cunegundis.	63	Commemoratio omnium fidelium defunctorum.
20	Jesu, sta Maria, sta Anna.	64	S. Franciscus de Sales et sta Francisca de Chantal.
21	S. Aloysius Gonzaga.		
22	B. M.-Margarita Alacoque.	65	Sta Gertrudis et sta Mechtildis.
23	Sta Theresia.	66	S. Ludovicus, patronus tertii ordinis.
24	S. Augustinus.	67	Sta Maria, patrona ordinis sti. Benedicti.
25	Maria de bono consilio.	68	S. Ignatius de Loyola.
26	S. Alphonsus Maria de Ligorio.	69	S. Franciscus Xaverius, apostolus Indiæ.
27	S. Franciscus de Sales.	70	Mater Dei de Lapurdo.
28	S. Vincentius a Paulo.	71	Imago miraculosa Stæ Familiæ.
29	Sta Margarita de Cortona.	72	Imago miraculosa Matris Dolorosæ in hospicio ducali Monacens .
30	Sta Veronica Juliana.		
31	Sta Cæcilia.	73	B. M. Margarita Alacoque.
32	Sta Barbara.	74	B. Petrus Claver S. J.
33	Sta Elisabeth.	75	S. Franciscus de Assisi.
34	Sta Catharina.	76	Sta Maria, Regina cœli.
35	Sancta Familia in Nazareth.	77	S. Petrus, apostolus.
36	Sancta Familia.	78	S. Paulus, apostolus.
37	Sta Anna, sta Maria, s. Joachim.	79	S. Michael, archangelus.
38	S. Laurentius de Brindisiis.	80	Angelus cum parvulo.
39	S. Laurentius de Brindisiis et dux Maximilianus.	81	Sta Magdalena.
		82	Sta Barbara.
40	Sta Agnes.	83	Ecce homo.
41	S. Antonius de Padua.	84	Christus, crucem portans.
42	Sta Veronica Juliana.	85	Mater Dolorosa.

Nos	DÉSIGNATION DES SUJETS
86	Sta Veronica.
87	S. Nicolaus.
88	Maria solatium nostrum.
89	Maria Virgo Immaculata et sancti quatuordecim auxiliarii.
90	S. Antonius de Padua.
91	Sanctissimum cor Jesu.
92	S. Joseph.
93	S. Bernardinus.
94	« Mi Jesu, auxilium meum ! »
95	Puer Jesus in corde scribens.
96	Sta Hildegard, sta Walburga, sta Elisabeth, sta Gertrudis et sta Ursula.
97	Nativitas D. N.-J. Christi.
98	S. Sebastianus.
99	Sta Clara de Assisio.
100	Sti Joseph somnium.
101	Annuntiatio B. Virginis Mariæ.
102	Præsentatio B. V. Mariæ.
103	Mariæ Assumptio.
104	Sta Anna.
105	Sta Thecla.
106	Sta Regina.
107	Sta Ursula.
108	S. Franciscus Xaverius.
109	S. Franciscus de Assisi.
110	S. Antonius de Padua.
111	S. Joannes Nepomucenus.
112	Sanctissimum cor Jesu.
113	Immaculatum cor B. V. Mariæ.
114	Sta Cæcilia.
115	Visitatio B. Virginis Mariæ.
116	« Hoc est corpus meum, hic est sanguis meus »
117	Pastores adorant Jesum puerum.
118	Sanctissima Trinitas.
119	Desponsatio B. V. Mariæ.
120	Mors sti Joseph.
121	S. Joseph.
122	Repræsentatio præsepis in ecclesia hospitii ducalis Monacensis.
123	Cor Jesu solatium fidelium defunctorum.
124	Cor Mariæ refugium fidelium defunctorum.
125	S. Antonius de Padua.
126	Mater dolorosa Hornlebergensis.
127	Annuntiatio B. Virginis Mariæ.
128	Sancta casa de Nazareth.
129	Jesus, bonus pastor.
130	Maria, bona pastor.
131	Sanctissimum cor Jesu.
132	Sta Catharina Sienensis.
133	Augustinorum imago miraculosa pueri Jesu in oratorio sodalium B. V. M. congregationis
134	Baptizatio D. N. J. Christi.
135	S. Bernardinus Sienensis.
136	Sta Rosa de Viterbo.
137	« Hoc est corpus meum, hic est sanguis meus »
138	« Consummatum est. »
139	Ecce homo.
140	Mater Dolorosa.
141	Baptizatio D. N. J. Christi.
142	S. Florianus.
143	S. Sebastianus.
144	Sta Regina cœli.
145	S. Laurentius.
146	S. Carolus Borromæus.
147	Somnium in nocte sancta.
148	« Consommatum est. »
149	Sta Maria, Mater immaculata.
150	S. Joseph.
151	Christus in monte Oliveti.
152	Stus Dominicus.
153	Sanctissima Trinitas.
154	B. M. V. sub titulo Auxilium christianorum.
155	Stus Felix a Cantalicio.
156	B. M. Margarita Alacoque.
157	Stus Franciscus Salesius.
158	Sta Francisca de Chantal.
159	S. Thomas de Aquino.
160	Sta Maria Magdalena de Pazzi.
161	Sta Agatha.
162	Sta Catharina.
163	Confirmatio novi Testamenti per cruentam Christi oblationem.
164	Oblatio Mariæ in Templo.
165	Sta Elisabeth.
166	Cor immaculatum Mariæ ora pro nobis.
167	Desponsatio Stæ Virginis.
168	Fuga in Ægyptum.
169	Purificatio Mariæ.
170	Sta Familia in Nazareth.
171	Annuntiatio Mariæ.
172	Pietas.
173	Salvator mundi.
174	Regina cœli.
175	Stus Andreas Avellinus.
176	Stus Bernardus.
177	Stus Alphons Rodriguez, S. J.
178	Stus Petrus Claver, S. J.
179	Stus Ignatius a Loyola mittit sanctum Franciscum Xaverium in Legationem Indiarum.
180	Stus Joannes Berchmans, S. J.
181	Stus Stanislaus Kostka, S. J. accipit divinum Infantem e manibus Mariæ.
182	Stus Georgius.
183	Sta Monica.
184	Sta Nothburga.

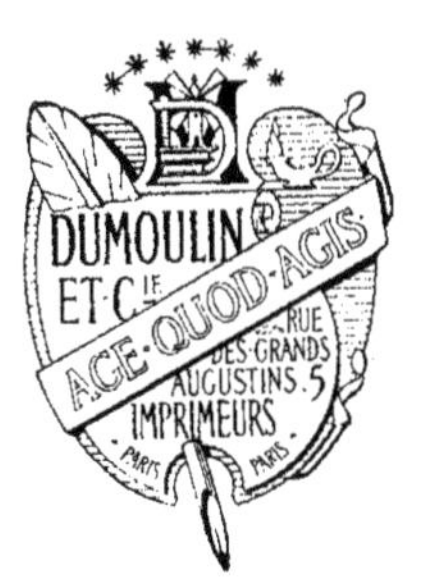
DUMOULIN
ET·C^IE
AGE·QUOD·AGIS
RUE DES·GRANDS AUGUSTINS.5
IMPRIMEURS
PARIS
PARIS

www.ingramcontent.com/pod-product-compliance
Ingram Content Group UK Ltd.
Pitfield, Milton Keynes, MK11 3LW, UK
UKHW012122240726
13965UKWH00005B/1908